U0603336

SHANGHAIJIAOYUCONGSHU
上海教育丛书

"绳韵" 教育奠人生之基

支 乔/著

上海教育出版社
SHANGHAI EDUCATIONAL
PUBLISHING HOUSE

图书在版编目（CIP）数据

"绳韵"教育奠人生之基 / 支乔著. — 上海：上海
教育出版社，2024.12. —（上海教育丛书）.
ISBN 978-7-5720-2778-9

Ⅰ. G623.82

中国国家版本馆CIP数据核字第2024MM1465号

责任编辑　汪海清
封面设计　周　吉

上海教育丛书
"绳韵"教育奠人生之基
支　乔　著

出版发行　上海教育出版社有限公司
官　　网　www.seph.com.cn
地　　址　上海市闵行区号景路159弄C座
邮　　编　201101
印　　刷　启东市人民印刷有限公司
开　　本　700×1000　1/16　印张 13　插页 3
字　　数　255 千字
版　　次　2024年12月第1版
印　　次　2024年12月第1次印刷
书　　号　ISBN 978-7-5720-2778-9/G·2460
定　　价　40.00 元

如发现质量问题，读者可向本社调换　电话：021-64373213

《上海教育丛书》编委会

顾　　问　姚庄行　袁　采　夏秀蓉　张民生
　　　　　于　漪　顾泠沅

主　　编　尹后庆

副 主 编　俞恭庆　徐淀芳

编　　委（以姓氏笔画为序）
　　　　　王　浩　仇言瑾　史国明　孙　鸿
　　　　　苏　忱　杨振峰　吴国平　宋旭辉
　　　　　邵志勇　金志明　周　飞　周洪飞
　　　　　郑方贤　赵连根　贾立群　缪宏才

《上海教育丛书》历届编委会

1994 年至 2001 年

主　　编　吕型伟

副 主 编　姚庄行　袁　采　张民生　刘元璋（常务）

编　　委　于　漪　刘期泽　俞恭庆　江晨清　陆善涛　陈　和
　　　　　樊超烈

2002 年至 2007 年

主　　编　吕型伟

副 主 编　姚庄行　袁　采　张民生　刘元璋　夏秀蓉　樊超烈

编　　委（以姓氏笔画为序）
　　　　　于　漪　王厥轩　尹后庆　冯宇慰　刘期泽　江晨清
　　　　　陆善涛　陈　和　俞恭庆　袁正守

2008 年至 2014 年

顾　　问　李宣海　薛明扬

主　　编　吕型伟

执行主编　夏秀蓉

副 主 编　姚庄行　袁　采　张民生　尹后庆　刘期泽　于　漪

编　　委（以姓氏笔画为序）
　　　　　王厥轩　王懋功　仇言瑾　史国明　包南麟　宋旭辉
　　　　　张跃进　陈　和　金志明　赵连根　俞恭庆　顾泠沅
　　　　　倪闽景　徐　虹　徐淀芳　黄良汉

总　序

　　建设一流城市,需要一流教育。办好教育,最根本的是要建设好教师队伍和学校管理干部队伍。

　　在长期的教育实践中,上海市涌现了一大批长期耕耘在教育第一线呕心沥血、努力探索,积累了丰富经验的优秀教师;涌现了一批领导学校卓有成效,有思想、有作为的优秀教育管理工作者。广大优秀教育工作者教育教学和管理工作的经验,凝聚着他们辛勤劳动的心血乃至毕生精力。为了帮助他们在立业、立德的基础上立言,确立他们的学术地位,使他们的经验能成为社会的共同财富,1994年上海市领导决定,委托教育部门负责整理这些经验。为此,上海市教育局、上海市中小学幼儿教师奖励基金会组织成立《上海教育丛书》编辑委员会,并由吕型伟同志任主编,自当年起出版《上海教育丛书》(以下称《丛书》)。1995年上海市教育委员会成立后,要求继续做好《丛书》的编辑出版工作。2008年初,经上海市教育委员会领导同意,调整和充实了《丛书》编委会,并确定夏秀蓉同志任执行主编,协助主编工作。2014年底,经上海市教育委员会领导同意,调整和充实了《丛书》编委会,确定尹后庆同志担任主编。《丛书》的内容涵盖了基础教育和中等职业教育的各个方面,包含有较高理论水平和学术价值的著作,涉及中小学教育、学前教育、师范教育、职业教育、校外教育和特殊教育,以及学校的领导管理与团队工作,还有弘扬祖国优秀文化、促进国际教育交流等方面的著作,体现了上海市中小学教育改革与发展的轨迹,体现了上海市中小学教育办学的水平与质量,体现了优秀教师和教育工作者的先进教育思想与丰富的实践经验。《丛书》出版后,受到广大教师、教育工作者及社会的欢迎。

　　为进一步搞好《丛书》的出版、宣传和推广工作,对今后继续出版的《丛书》,

我们将结合上海教育进入优质均衡、转型发展新时期的特点,更加注重反映教育改革前沿的生动实践,更加注重典型性、实用性和可读性。希望《丛书》反映的教育思想、理念和观点能起到抛砖引玉的作用,引发大家的思考、议论和争鸣;更希望在超前理念、先进思想的统领下创造出的扎实行动和鲜活经验,能引领当前的教育教学改革工作,使《丛书》成为记录上海教育改革历程和成果的历史篇章,成为广大教师和教育工作者的良师益友。限于我们的认识和水平,《丛书》会有疏漏和不尽如人意之处,诚恳地希望广大读者提出宝贵意见,帮助我们共同把《丛书》编好。

《上海教育丛书》编委会

序

不断追求办学的新发展，是几十年来志在有为的办学者的共同特征，也是沪上基础教育名校迭出、品质不断提升的重要动因。当然，要真正办好一所学校并不是一件容易的事，并不是拥有一个抱负就能够实现的，需要进行系统的、深入的、持续的探索。正因关注到这中间有许多值得总结的经验和规律，我们积极推进教学成果奖的评审工作。令人欣慰的是，这些年上海基础教育教学成果不仅有效地推进了本地教育事业的发展，也在全国产生了积极的影响，同时引领了一批新优质学校的发展。与此同时，也难免有一些学校围绕教学成果奖评审的外在标准精雕细刻，结果当然是事与愿违了。不少学校从所谓的顶层设计出发，请来各式高人指点，如挖宝一样别出心裁地提炼所谓"新理念"。究竟怎样的办学追求是正当的，怎样的成果申报是有价值的，这些问题成为困扰一些学校的心头问题。而上海市宝山区高境科创实验小学"绳韵"教育的经验，不仅被评为上海市教学成果特等奖，也给我们提供了一个有启示的样本。这也是《上海教育丛书》选择出版该成果的原因，也是我愿意为之作序的理由。

要说高境科创实验小学在"绳韵"教育探索和实践过程中所表现出来的最大特点，那就是普通而又不普通。

高境科创实验小学是宝山区的一所普通小学，学校规模不大，办学时间不算长，办学资源和办学条件有限，没有什么历史光环。近十几年来，学校根据全面育人的目标，本色推进工作，课程实践特色鲜明。那么，一所普通小学凭什么大成果获得专家们的认可呢？那就是其"绳韵"教育的理念。

"阳光体育"的提出，触动了不少学校办学者的神经，他们敏锐地注意到这些年来学生体质健康连续下滑的局面，因此十分认真地研究"阳光体育"的落地问题。跟绝大多数公办配套学校一样，高境科创实验小学的场地十分有限，并没有一个像样的操场，可谓"寸土寸金"，怎么开展体育活动？于是他们想到了跳绳运动，并开始与"绳"结缘。一开始主要是落实一项体育运动，通过两年多的实践，他们发现花样跳绳是一项集强身与趣味性于一体的运动项目，具有场地装备要求低、技能习得要求低、年龄要求限制少、花样繁多、易激发兴趣等特点和优势，能帮助学生提高弹跳能力、身体协调能力与平衡能力，也能增强学生的心肺功能。该运动的持续开展也提升了学生的意志力，还能培养学生的鉴赏能力与合作意识，对学生身心健康发展有一定的促进作用。

因此，他们基于"以体育人"的理念，围绕知识、技能、意识、行为、体质健康五个维度，依据学生身心发展的特点，融入了花样跳绳的内涵，尝试着把以跳绳为主的体育活动架构成一门特色课程，包括专项课、活动课、文化课以及课间活动等，不断提升学生的身体素质和运动技能，使"阳光体育"运动得到切实的落实。随即他们进一步以"学生健康快乐地成长"为核心，以国家课程校本化实施为基点，不断探索"绳"的内涵与育人价值，提出了"阳光绳韵，引领师生健康快乐地成长"的发展愿景，明确了"以绳育德、以绳增智、以绳健体、以绳审美、以绳聚心"的文化内涵，构建了具有"绳韵"特色的课程体系，涵盖"绳韵德育""绳韵科学""绳韵艺术""绳韵健康"和"绳韵阅读"五类课程。他们通过线上线下、校内校外相融合的方式来推进校本课程的发展，不断探究"绳"与生活、艺术、科学、健康、劳动、学习之间的关系，通过"绳秘园"探究、"绳STEM＋"课程、"绳艺坊"活动、"绳环境"布置、"绳文创"推进等方式，营造了学校独特的文化氛围，凸显了环境显性与隐性的教育功能，形成了学校文化品牌，努力实现五育并举，使"双新"实践真正落地，切实有效。可以说，他们的钻研和韧劲把"一根绳子"所蕴藏的育人成效发挥到了极致。

相较于其他各育，以体育撬动学校办学并取得一定成果的情形并不多见；

而跳绳活动在体育课程中的权重更是非常有限。如此不起眼的"一件小事",能够赢得专家的认同,原因当然不是他们能够在国际比赛中斩获什么奖项和荣誉,也不是他们因陋就简找到一条运动锻炼的捷径,而是他们能够以小见大,把跳绳活动和体育课程实践进行了深度结合,形成了"以绳育人"的办学认识,进而挖掘出"一根绳"所蕴含的教育韵味。

我曾多次提出,要坚持在最常见的学校解决最常见问题的过程中,坚持不懈地推进课改,进而落实优质均衡的目标。就社会和行业知晓度来说,高境科创实验小学正是这样一所十分普通的学校;就跳绳项目而言,原本也是学校因地制宜、因陋就简落实"阳光体育"要求所采取的一项平常举措。但是他们不仅在"一件小事"上坚持不懈,持续深化,使这"一件小事"上升为课程,并且融入学生全面成长的育人工作和学校全面发展的进程,从而让优质均衡的办学目标成为现实。"小事"的尽头是沉甸甸的分量。毋庸讳言,对于高境科创实验小学来说,其课程的统整还需要更好地回应"双新"实践的要求,办学的品质还有待持续提升,但他们解决问题的执着精神和通过课程的微观创新实施育人的专业追求,令我有意外的惊喜,是以为序。

上海市教育学会会长

尹后庆

2024 年 11 月

目录

前　言
让优势项目的迭代驱动优质办学特色发展

　　上海市宝山区高境科创实验小学（以下简称"高境科创实验小学"），原名上海市宝山区高境镇第二小学，创办于 1995 年 7 月，是一所动迁小区内的配套小学，地处杨浦、虹口、静安三区交界处。为了配合高境镇"科创小镇"发展战略，顺应区域建设的需求，打造更优质的教育品牌，把学校办成老百姓满意的家门口的好学校，2017 年 6 月，经宝山区委编办批准，上海市宝山区高境镇第二小学正式更名为"上海市宝山区高境科创实验小学"。我国生物化学家与分子生物学家、中国科学院院士王恩多为学校题写了校名。

　　"成功的花，人们只惊羡她现时的明艳！然而当初她的芽儿，浸透了奋斗的泪泉，洒遍了牺牲的血雨。"从跳绳活动到"绳韵"教育，从一所名不见经传的普通小学到被央视等媒体多次报道的"网红学校"，高境科创实验小学走过了追寻教育家足迹、建构"绳韵"教育文化的历程，成为受学生喜爱并正走上高质量发展的优质学校。

追寻教育家足迹

　　办老百姓家门口的好学校，首先要仰望星空，具有教育家的理想情怀，即具有"心有大我、至诚报国的理想信念，言为士则、行为世范的道德情操，启智润心、因材施教的育人智慧，勤学笃行、求是创新的躬耕态度，乐教爱生、甘于奉献的仁爱之心，胸怀天下、以文化人的弘道追求"。宝山区是人民教育家陶行知先

1

生"生活教育""民主教育""平民教育"等主张的办学实践地,他的"行动是老子,知识是儿子,创造是孙子"的育人思想,"捧着一颗心来,不带半根草去"的高尚品德,一直教育、激励着宝山区中小学教师,也鼓舞、鞭策着高境科创实验小学的全体教师。

办老百姓家门口的好学校,需要埋头实干,需要在教育家理想情怀感召下的实践,需要盘活实践资源。在学校体育团队的无私奉献下,"炫乐"花样跳绳队在短短几年里成为学校的特色品牌,在区、市、全国乃至国际跳踢比赛中屡获佳绩,经常有外省市的学校慕名而来,观摩和学习学校的花样跳绳队。学校体育团队用自己坚持不懈的付出,把花样跳绳这项体育运动打造成学校特色,最终成为学校文化名片,实现了从"跳绳"向"绳韵"的迭代发展。

作为学校"花样跳绳"运动的创办人、体育组领衔人,曹丽珍老师带领体育团队围绕"花样跳绳"项目的育人主题,开展了小学体育游戏化等教学实践。这是高境科创实验小学教师集体孜孜不倦育人的一个缩影,很好地诠释了学校追寻教育家足迹,将对教育事业的执着和对学生的爱相交织,不断追求教育高质量发展,办老百姓满意的学校的教育情怀。这同时也启示我们,以"花样跳绳"优势项目的"点"来驱动整个学校特色办学的"面",形成师生校协同优质发展的"体",是摆在全体高境科创实验小学教育人面前的攻关课题。

突破制约学校发展的瓶颈

高境科创实验小学作为一所不挑选生源、没有特殊资源、办学文化积淀不深的动迁小区配套小学,所遇到的发展瓶颈不是硬件问题,也不是生源不足问题,甚至也不是教师素质问题,而是信心问题。相对而言,教师对学校发展缺乏信心,对自己的专业发展缺乏信心;学生对学业发展和进步缺乏信心,认为自己比不上那些家境好、在名校读书的同龄人;家长对学校的管理和教育质量缺乏信心。这就是驱动这个课题的逻辑起点之一。

学校领导班子在充分调查、研究的基础上,确定了提振师生教育信心的办法,即挖掘学校优势项目"花样跳绳"的潜力、发展学校特色,进而整体提高学校的办学质量。

"绳"在动,人就在动。从 2010 年起,高境科创实验小学乘阳光体育的东风,全方位开展了以"绳"为主要内容的体育活动,将"绳"从体育锻炼的一个项目,提升到学校层面的师生共同活动,建立学校的"绳韵"教育文化。学校还采用红、蓝、黄三种颜色的绳子,在学生中开展跳绳的升段活动,以此来激发学生的学习兴趣。同学们你追我赶,跳绳水平快速提升,让全校教师、学生和家长共同分享了跳绳带来的快乐。

"绳"的花式在翻新。"花样跳绳"在高境科创实验小学掀起了一波又一波的热潮,并逐渐成为全校师生喜闻乐见的体育特色运动。区级第一、市级第一、全国第一,创吉尼斯世界纪录,还有在挪威跳绳世界杯赛上打破世界纪录,代表上海青少年走上中央电视台《开学第一课》舞台向全国展示。这不仅产生了很好的办学效应,而且较好地促进了教师专业发展,增强了学生的自信心、集体荣誉感。

学校全方位地开展了以跳绳为主要内容的体育活动,将跳绳从体育锻炼的一个项目,提升到学校层面的师生共同教育活动,成为让全校师生喜闻乐见的体育特色项目。以"绳"为中心的体育锻炼在学校持续开展,并引发学校教育教学改革与创新,"绳"的教育魅力也日益彰显。绳,一根富有教育意义的绳,让学生自信地站上了国际体育的舞台,展现自己的人生精彩;跳绳,富含教育价值的跳绳,也让每个跳绳的孩子理解了团结、责任、坚持,学会了学习和创新。"绳韵"教育也开始孕育、发展。

十多年来,高境科创实验小学积极融入新时代教育改革与发展潮流,弘扬教育家办学精神,以新优质学校创建作为学校发展突破口,秉持全面实施素质教育的宗旨,不断改进学校管理、优化教师队伍,在做好国家课程校本化的同时,加强以"绳韵"为特色的校本课程群建设。"在常态条件中,学校主动探索,根据学生身心发展规律、学校发展规律,促进学生健康快乐成长,让学生获得全面而个性的发展,精神品格得到培育,让每一所家门口的学校都优质。"①

研发"绳韵"特色校本课程

花样跳绳历史悠久,具有场地装备要求低、技能习得要求低、年龄要求限制少、花样繁多、易激发兴趣等特点和优势,可帮助发展学生身体协调能力与平衡能力,提高学生弹跳能力,也能够锻炼耐力和意志,同时还能培养学生的欣赏能力与合作意识,促进学生身心健康、和谐发展。但国内外有关"花样跳绳"课程的开发案例较少,并且课程内容都相对简单,缺乏规范性与系统性。因此,我们决定进行"花样跳绳"课程的研发与实践。

在"绳舞飞扬"特色课程基础上,我们继续探究"绳"与生活、艺术、科学、健康、劳动、学习之间的关系,确定了"一个核心、五类课程、三种类型、两线融合"的课程开发思路。

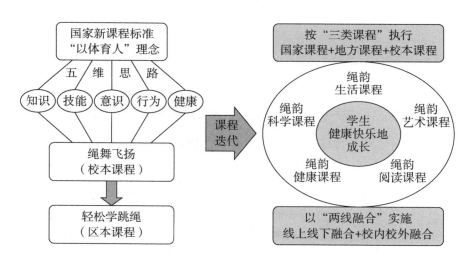

学校由特色课程向课程特色迭代示意图

---

① 尹后庆.让每一所家门口学校都优质——上海 PISA 成绩世界第一后的理性思考与实践作为[J].中国教育学刊,2012(1):13-15.

学校以学生发展为本,逐步把花样跳绳规范化、常态化、课程化。我们充分利用学校的体育资源,发挥教师的积极性,设计了跨学科主题学习活动,提高学生运动能力,形成健康行为,养成健康品质,凸显"绳"的育人价值,从而形成"学校以本土加特色、教师以优质加专长、学生以全面加特长"的学校体育课程特色。目前研发了五大类十二个课程,建构了"绳韵"特色校本课程。

建构"绳韵"教育文化

教育部、国家体育总局在《关于进一步加强学校体育工作,切实提高学生健康素质的意见》中提出,学校体育是促进青少年全面发展的重要内容,对青少年的思想品德、智力发育、审美素养的形成都有不可替代的重要作用,是进行爱国主义、集体主义教育,弘扬民族精神、传承民族文化的重要途径。

2014年,我们在实践过程中挖掘了"以绳育德、以绳增智、以绳健体、以绳审美、以绳聚心"的"绳韵"教育学校文化内涵,提出"阳光绳韵,引领师生健康快乐地成长"的学校愿景,形成了"以绳育人,文化立校"的学校核心价值观。全校师生牢记"踏绳启程,载德远行"的校训,践行"创新、合作、坚韧、快乐"的校风,追求教育高境界。

2016年,为了配合"高境科创小镇"建设,注重未来科创人才培养,学校把核心价值观调整为"以绳育人,文化立校,科创浸润,全面发展",探索出"PEACH"师生发展实践模式,提出了"花样跳绳奠人生之基,科创教育突思维之规,阳光绳韵引成长之向",从而实现从"绳韵"到"阳光绳韵"的迭代发展,提升师生的精气神。

高境科创实验小学用一根"绳",构建了学校"绳韵"课程,形成了"绳韵"文化,建构了"绳韵"教育特色,赋予学校发展活力,增强教师专业成长动力,促进学生全面发展,走内涵发展之路,促进学校育人质量进入更高境界,走出了一条"师生高品质成长,学校高质量发展"的办学之路。

关于学校教育文化的迭代,可借下图进行解读。

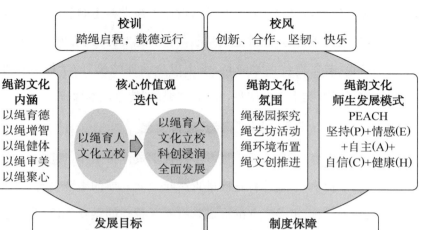

学校教育文化迭代示意图

第一章

"绳韵"教育之源

高境科创实验小学的"绳韵"教育之源,既有仰望星空的追求,又有脚踏实地的实干精神。陶行知先生的曾孙陶侃曾发表《陶行知来上海,为何选择宝山作为"试验田"?》一文,谈到1931年3月陶行知先生从日本返回上海,本想续办晓庄师范,但几经努力,晓庄师范复校希望仍旧落空。然而,他并没有放弃"生活教育"理念及其在乡村教育的实践。1932年5月21日,他的小说《古庙敲钟录》开始在《申报》连载,塑造了敲钟工人通过庙产兴办工学团,造福乡民的故事,阐释了自己的生活教育思想,提出"社会便是学校,生活便是教育""教学做合一"等教育观点,间接宣布准备创办工学团。同年7月,他拟定了《乡村工学团试验初步计划书》。但工学团办在哪里?为了远离国民政府的干扰,陶行知希望建在上海附近乡村没有学校的地方,能真正服务于当地农民。一群志向相同者分两路沿沪宁、沪杭寻找,但均没有合适之地。一个月后,他们沿沪太公路往北,发现大场地区的观音堂适合。但庙产归6个村共有,各村对办学意见不一。而后经过宣传,有当地农户愿意将新盖好的房子出租办学堂。陶行知先生就用一次"明月晚会"机会,解释开办工学团的目的是义务让村民读书识字,"城里人来办学,村童免费读书",同时促进劳动生产。工学团应运而生,面向各种对象的多样化教育活动开展起来。

　　人民教育家在宝山为平民免费办学的举措,让宝山人民感恩至今。学习陶行知先生等教育家的高尚品质,发扬教育家精神来办好老百姓家门口的学校,是我们全体宝山教育人的天职。选择"绳韵"教育,就是我们学校践行教育家办学思想的情怀和担当。

第一节 "绳韵"教育从哪里来

教育家精神是一种智慧,需要我们用心去领悟。教育家精神的内涵既生动展现其传统魅力,又全面彰显其时代价值,体现传统文化内涵与时代价值意蕴的有机统一。它为高境科创实验小学教师指明了方向,成为教师成长的标杆。我们全体教师以教育家精神激励自己,在普通学校把"花样跳绳"这项普通常见的体育运动项目做扎实做出成效,为学生的健康成长夯实基础。

一、"花样跳绳"运动的缘起

2007 年 5 月《中共中央 国务院关于加强青少年体育增强青少年体质的意见》指出,"广大青少年身心健康、体魄强健、意志坚强、充满活力,是一个民族旺盛生命力的体现,是社会文明进步的标志,是国家综合实力的重要方面",提出通过五年左右的时间,"使每个学生都能掌握两项以上体育运动技能"。

2010 年,上海体育学院(现上海体育大学)一群热爱花样跳绳运动的大学生在学校开展社团活动的同时,还走进中小学校,积极推广和普及花样跳绳运动,想通过花样跳绳这一简单易学、不占用较大空间,集趣味性、技巧性、灵活性、艺术性、创造性于一体的体育运动,让学生积极投身于体育锻炼通过掌握一项以上体育运动技能,提高学生的体质健康,促进学生健康快乐地成长。学校领导敏锐地感知到这是个破困局的好选项,于是决定邀请上海体育学院的花样跳绳世界冠军走进学校,与学生交流互动,激发孩子们参加花样跳绳运动的兴趣。为此,学校就开展花样跳绳运动的设想以及如何开展这一运动展开了讨论。大家一致认为,既然把花样跳绳运动作为学校体育工作的一项特色,就要以"阳光绳韵"的激情和精神,凝心聚力、坚持不懈地做好此项工作。

于是,体育教研组积极行动起来,大家不断学习新的教学理论,掌握并更新花样跳绳专业知识,在提高自身专业素养的同时,大胆探索教学方法,不断优化课堂教学,矢志不渝地开展教学改革。

体育组的老师们每天迎着晨曦到校,披着夜色回家。他们坚持健康第一、学生为本的体育教学思想,聚焦于教学研究、校本课程开发、组织学生训练、策划交流活动……大家对花样跳绳运动进行反复探讨,积极研究花样跳绳课堂实践,不断推进花样跳绳运动项目的开展,并逐步成为学校亮点。

尤其是学校每年参与各级各类花样跳绳比赛可谓捷报频传,更是频频亮相各级各类花样跳绳展示表演,区级第一、市级第一、全国第一、打破吉尼斯世界纪录……2019年7月,我校学生代表中国队参加了挪威跳绳世界杯赛,取得了8金8银3铜并4次打破世界纪录的优异成绩。其中,黄俊凯、姜大礼、金振宇组合克服预赛时裁判严重计数失误的影响,以286个的好成绩刷新世界纪录,获得30秒交互绳速度赛总决赛冠军,成为真正意义上世界第一个迈进140单脚大关的团队,创造了"中国速度"。

二、"花样跳绳"教育实践的演变

在宝山区教育局、高境镇人民政府的支持关怀下,在上海体育学院专业团队教练的指导下,高境科创实验小学的花样跳绳运动得到蓬勃开展,在学校中掀起了一波又一波花样跳绳热潮,逐渐成为全校师生喜闻乐见的体育特色运动。

为了更好地做好学校特色项目的打造,学校体育学科带头人曹丽珍老师带领体育教研组结合"花样跳绳"开展课题研究——"花样跳绳对小学生潜在人格魅力的激发与培养""特色项目一体化模式对小学生健康的影响研究"这两项被立为区级和市级课题,深化了特色打造的实践探索,为项目推广与应用提供理论支持和实践经验。

学校打造花样跳绳特色运动项目硕果累累,不仅产生了很好的办学效益,而且较好地促进了教师专业发展,增强了学生身体素质和自信心。师生和家长们都从这项体育运动中体验到了无穷的魅力。

中共中央办公厅、国务院办公厅印发的《关于全面加强和改进新时代学校体育工作的意见》和《关于实施中华优秀传统文化传承发展工程的意见》，均强调了学校在办学过程中需要注重自身的独特性和创新性，并积极探索具有自身特色的办学模式和教育理念。特别是《关于全面加强和改进新时代学校体育工作的意见》明确提出了加强中小学体育特色学校建设的要求，并要求各学校结合自身的实际情况和地域特色，积极开展具有自身特色的体育活动，如花样跳绳等。

国家关于探索办学特色的政策文件，为学校的特色发展提供了指导和支持，也为花样跳绳运动在学校的推广和应用提供了政策依据和支持。

高境科创实验小学致力于将"花样跳绳"从体育锻炼"绳"的特色项目拓展为学校办学特色"绳"的功能进一步扩大。2014 年学校提出了"阳光绳韵，引领师生健康快乐地成长"，发挥出"绳"为本体功能，以特色项目打造学校品牌，走上了以"绳"元素为办学特色的发展历程。

三、"绳韵"教育的基本内涵

教育兴则国兴，教育强则国强。教育是文化传承和创新的重要途径，是推动社会进步的重要力量，具有振兴民族、富强国家的综合价值。教师要有对教育价值的信仰，方能自觉自愿地投入精力与情感，付出心血与智慧，追求从"学高为师、身正为范"到"以文化人"可以弘道的境界，去学习传承教育家精神，彰显正确的教育价值观。

2015 年，高境科创实验小学的全体教师在体育教研组敢于作为、乐于奉献、学高为师的精神感染下，踏上了新优质学校的创建之路。

全体教师在教育教学实践中坚持育人为本，以学生的身心健康发展为自己的追求，聚焦学生全面发展，注重培养学生的正确价值观、必备品格和关键能力。

几年来，学校始终以"绳"为载体，赋予了它文化的内涵和生命的元素。让一根小小的绳，发挥它的生命活力，使之完成从"绳"到"绳韵"的转变。学校注重学生核心素养的培育，用一根绳架构了"绳韵"校本课程，即"绳韵"生活课程、

"绳韵"科学课程、"绳韵"艺术课程、"绳韵"健康课程、"绳韵"阅读课程,探索出"PEACH"师生发展实践模式,形成了"绳韵文化",走出了一条"绳韵"教育的特色办学之路,激发了办学活力,体现了五育并举。

在"绳韵"教育实践过程中,高境科创实验小学以适应社会、教育、学生等长远发展的需求为目标,围绕"以绳育德、以绳增智、以绳健体、以绳审美、以绳聚心"的学校文化内涵,坚持"以绳育人,文化立校,科创浸润,全面发展"的核心价值观,以"踏绳启程,载德远行"为校训,以"阳光绳韵,引领师生健康快乐地成长"为办学愿景,追求"绳"到"绳韵"的转变,把"花样跳绳奠人生之基,科创教育突思维之规,阳光绳韵引成长之向"作为"绳韵"教育的内涵。在新优质学校创建过程中,学校聚焦"绳韵"教育,形成学校发展的品牌。

第二节 "绳韵"教师践行教育家精神

教育家精神所展现的内外特质,能彰显其在教育领域中具有建功立业的特殊性,是我们理解教育家精神必须秉持的视角。教育家精神中蕴含的理想信念、道德情操、育人智慧、躬耕态度、仁爱之心、弘道追求,是所有教师共享的精神底蕴和共同的精神追求。教师就是"以文化人者",教育家精神是引领教师发展的核心,开掘出一条教师成长与发展的新道路。它的出现表达了一种期待和召唤:希望所有教师都能迈开步伐,走到这条宽阔的大道上,走出一条属于自身的教育家精神孕育和成长之路。

高境科创实验小学通过一根"绳"的拓展,尽力打造"绳韵"教育,把学校办成一所具有"阳光绳韵"的特色学校,正是发扬教育家精神的理论与实践体系的探索和深化。

作为一所"绳韵"教育特色学校,高境科创实验小学的老师们用教育家精神激励自己不断探索教育的本质和规律,勇于突破传统的束缚,尝试实践新的教育理念和方法。大家以上海市新优质学校建设为动力引领,以"绳韵"教育的育人价值为本,在教育教学过程中满足每一个学生的学习需求,推动学校"阳光绳韵"的创新和改革,培养适应时代需求的人才。

教师注重"绳韵"教育的内涵发展,关注学生的发展,追求卓越的教育品质,培养德智体美劳全面发展的学生,为他们的未来人生奠定坚实的基础,从而提升学校的整体竞争力。同时,把教育家精神作为一种共同的价值追求,凝聚力量,朝着共同的目标努力,从而形成良好的校园文化,增强学校的凝聚力与向心力。因此,学校在"绳韵"教育的实践过程中,鼓励教师积极弘扬教育家精神,努力营造一个充满活力、创新和卓越的教育环境,成为具有教育家精神的"绳韵"教师。

一、"绳韵"教育开出"绳韵"教师之花

随着教育事业的不断发展,教育家精神逐渐成为教师共同的价值追求。教育家精神强调对教育事业的热爱、执着和创新,不仅体现了教师的职业素养,更体现了教师的理想信念和精神追求。教师应将教育家精神融入日常生活,在日复一日、年复一年的教学和教研活动中,向着"教育家精神"的标杆前进。

新课程、新教材(以下简称"双新")的全面实施是一次意义重大的变革,意味着教师中心向学生中心的转变,意味着讲授中心向实践中心的转变。对于学校来说,这些转变能否得以实现,关键要看课程有没有变化,看课堂有没有变化,更关键的是要看教师有没有变化。高境科创实验小学组织教师基于陶行知生活教育思想,深挖"绳"的内涵与育人价值,注重丰富"以绳育德、以绳增智、以绳健体、以绳审美、以绳聚心"的学校文化内涵,探索校本课程与国家课程相融合,打破学科壁垒,开展跨学科主题学习,推动了国家课程校本化实施。在"绳韵"教育实践中,以确立的"朴实的品质、敬业的精神、典雅的风度、严谨的教学"教师发展理念,来助力和润泽教师心灵成长,鼓励对"绳韵"教师的价值追求。

在当今"双新"教育改革不断深化的背景下,我们更应该倡导和弘扬教育家精神,让更多的教师成为具有教育家精神的优秀教育工作者。

打造优质的"绳韵"教师队伍,需要有榜样的引领。在高境科创实验小学有

这样一名教师,与"绳"结下了不解之缘,她就是学校花样跳绳运动的先行者,号称"金牌教练"的曹丽珍老师。作为一名一线体育教师,她在平凡的体育教学岗位上,把对事业的执着和对学生的爱交织在了一起,作出了不平凡的成绩,在她的身上透出的是"巾帼不让须眉"的豪情,展现为"孜孜不倦育人路、矢志不渝领跑人"。

作为学校体育教学引领者,她不断学习新的教学理论,更新体育专业知识,提高自身的专业素养,大胆探索教学方法及其改革。如前所述,由她主持的"花样跳绳对小学生潜在人格魅力的激发与培养""特色项目一体化模式对小学生健康的影响研究"等区级和市级立项课题,成为我校花样跳绳项目不断迭代发展、创新推进,拓展为办学特色的基底,这对全校其他教师而言,无疑树立了一个范例,展现了一朵"绳韵"之花。

这朵引领教师发展的"绳韵"之花带给我们的启示或借鉴经验,值得好好梳理。首先是其专业发展的动能和站位。她能够以教育家精神作为标杆,注重继承传承陶行知教育思想,创新实践陶行知教育理论,注意带领体育组教师在小学体育游戏化的教学实践中,不断探索陶行知"生活即教育"的教育思想,巧妙地将学科教学与育人功能相融合,将校园体育文化的特点加入了传统与现代的色彩,大面积、多样化开展花样跳绳教学活动。其次还注意与学生的家长紧密配合,形成了一套较为科学的家校组合训练方法,注重体育活动的生活化,增强了学生对跳绳的爱好,也强化了学生共同拼搏的意识,收到了相应的教育效果。她协同学科教师注意利用各种平台,组织学生针对要求予以指导并参与竞赛和展示。她本人的专业技能和职业素养,以及扎实、踏实、务实的工作作风得到了学校领导、师生、家长、同行们的一致认可,先后获得了区"体教结合"耕耘奖、上海市园丁奖、全国十佳体育老师提名奖等荣誉和称号。

一名普普通通的体育老师能够对"花样跳绳"这样传统、普及、朴素的体育运动项目,坚持不懈地探索、落实下去,促进学生健康快乐地成长,这样认准一件事,永不放弃,做实做强,不正是教育家精神的具体体现吗?

二、"绳韵"教师的共同价值追求

党的二十大报告明确提出,要加快建设高质量教育体系,加快建设教育强国,办好人民满意的教育。教师是教育发展的第一资源,建设高质量教育体系必然要求打造高质量的教师队伍。教育高质量发展对教师在理想信念、人格品质、专业修养、教育态度、教育能力等各方面都提出了更高位、更全面的要求。而教育家精神的激励有助于树立教师队伍的群体价值观和完善中国特有的师道文化体系,建立每一位中国教师的精神依靠和自觉追求,全方位影响教师的发展,提升教师的专业素养,促进高质量的教师队伍建设。

高境科创实验小学的高质量发展,需要与"绳"结下不解之缘、对"绳韵"教育矢志不渝的"群花"助力。在那朵大胆创新铸"绳韵"品牌之花的感染下,高境科创实验小学的全体教师在"绳韵"教育实践中,在"绳韵"文化浸润下,体现出卓越的价值追求。学校广大教师群体在"绳韵"教育的文化氛围中,在"阳光绳韵"的共同价值追求中,精气神整体有了提升,形成了"以绳聚心"的工作氛围。下面的案例就是其中一位教师吐露的心声。

 案例

珠结虽小,凝聚成绳

高境科创实验小学　吴晨蕊

在我们学校,有这样一群身影:每天老师们下班了,她们仍坚守在岗位上,进行着艰苦的训练;每个周末,很多人还躺在温暖的被窝里,她们就早早赶到学校开始了一天的训练⋯⋯这一个个身影就是体育组的老师们。

从我进入这个单位到现在,体育组的曹老师给我留下的印象最深。她是个朴实踏实、认真尽责的老师,从我认识她到现在,十年来一直如此。曹老师的话从来不多,作为体育组的"顶梁柱",她和组内的老师们为学校培养了一批又一批优秀的跳绳队员,其中还出了好几个世界冠军,更有学生创造了世界纪录。

虽然有无数荣誉加身,但曹老师从不炫耀,更多的时候,她还是默默无言,认真做着自己的事情。我想,这就是一位老师对自己这份事业最忠诚的表现。

"萤火微光,愿为其芒。"我觉得这就是对像曹老师这样的老师最真实的写照。曹老师就像这黑夜中的萤火,虽然微小而普通,依旧尽其所能照亮学生前行的道路。作为一名新时代的教师,我也要学习这般精神。面对形形色色的学生,他们的性格、能力、对知识的接受程度都不相同。记得刚工作的那一年,我接的是一个四年级的班级。作为"菜鸟"的我,面对班级里的学生真是束手无策。聪明的学生看我年轻,不太听我的话;学困生纵使我日日盯着补作业,也是天天欠作业;更有胆子大的学生在我的课堂上公然睡觉,无论怎么批评还是我行我素。这个班级的语文成绩简直一团糟,家长也对我的教学能力感到担忧,甚至还找了领导。我深知,若长此以往,无论是我还是学生,都深感疲惫。我也很委屈,想着自己也很卖力,但教育就是没有效果。没有什么成就感让我觉得前途很迷茫,甚至产生了放弃当教师的念头。

后来我接了新的一年级,想着终于脱离了这个"苦海"。再后来,我听说我之前带过的那个班级跳绳队的学生在国际比赛上夺冠,这多少让我觉得有些不可思议。因为在我的印象中,这个班级的学生都懒洋洋的,学习态度也很糟糕。现在想来还是当时的自己不够成熟,教育方法不够灵巧,逐渐走向成熟型教师的我终于明白为何我眼中的"差生"能成为世界冠军。就像曹老师她们每天孜孜不倦地训练,都需要日积月累地付出,更需要对学生有着充分的了解,量身定制地进行培养,才能培养出一个又一个优秀的跳绳队员。

于是,我也学着日积月累地付出,学着用量身定制的方法来提高学生的学习兴趣。我也请教了带教师父,尝试根据学生不同的学习能力,进行分层式的学习辅导。我和师父一起利用每周四放学后的一小时,为需要提高的学生进行阅读和习作方面的提升训练;利用每周二的时间,对基础较薄弱的学生进行针对性提高。我也尽量克制自己的情绪,用更多的耐心教育学生、鼓励学生。很庆幸,我的第一届毕业生都很优秀,即使是班中经常不及格的学生,最终也跨入了及格线。蜕变最快的还是我们班的一个卖菜家庭的孩子,从一开始的抗拒学习,到主动要求老师帮她辅导。当然,这个蜕变的过程需要老师长期的付出和耐心地教育。

有时想想,学生的学习过程就像他们天天用的这根珠节绳,一颗颗串联起来的珠子就如他们串联在一起的本领。这根绳要有多长?绳上要穿多少颗珠子才适合自己?身为语文老师,这份责任和义务,就是这根绳子;而融于日常平凡又冗杂的教学,就如这一颗颗珠子。教学的过程也如同教会学生串珠一般,唯有耐心和细致,才能将这份技能传授好,才能引导学生编织出适合自己的学习之路。今年是我带第三届学生,我也会坚守朴实的本心,用真心去换学生的真心。

学校艺术组也有这样一群在"绳韵"教育文化浸润下成长起来的艺术教师,他们在学校艺术之路上牢记"踏绳启程,载德远行"的校训,以"踏绳启程,携梦起舞"的理念,践行着"无奋斗不青春"的壮志。这群充满青春活力的青年教师在学校艺术工作中一直在思考:如何在舞蹈艺术形式中融入学校的绳文化?如何在传承和弘扬"绳韵"文化中丰富舞蹈教育的内涵?在舞蹈中加入一些跳绳的动作与元素,形成所谓的"绳舞",不但能使舞蹈更具有表演性、多样性、创新性,同时还能渗透学校"以绳审美""以绳育人"的校园文化内涵,增强学生的文化自信。通过练习与"绳"有关的舞蹈动作,学生的身体协调性、柔韧性和力量可以得到提高;同时,学生也可通过欣赏和表演与"绳"有关的舞蹈作品,提高自己的审美水平。

为此,艺术组教师以启智润心、因材施教的育人智慧,勤学笃行、求是创新的躬耕态度,乐教爱生、甘于奉献的仁爱之心,齐心协力开发了"绳舞飞扬(舞蹈类)"课程,将"绳"元素与各种风格的舞蹈相融合,如蒙古舞、芭蕾舞、朝鲜舞以及律动舞蹈,巧妙地用绳来替代舞蹈中的某种道具,或是将绳作为装饰或点缀运用其中,为舞蹈带来了新的元素,不仅丰富了舞蹈形式,还为舞蹈注入了新的文化内涵。

将"绳"文化与学校舞蹈艺术教育相融合具有重要意义。希望通过这种融合,在"绳舞"表演的过程中以各种风格的绳舞展现,尽情地绽放出学生的健康之美、活力之美、自信之美,提升学生的审美素养以及互敬互爱的团队合作精神和集体主义精神。

可见,教育家精神并不是高位上的,而是把一件最朴素的事坚持不懈地落到实处,体现教师的品质。教育家精神并非高不可攀的抽象概念,而是源于对教育事业的深沉热爱和执着追求。它体现在那些看似平凡,但却需要长期坚持和付出的实践之中。这种精神的核心是对教育教学的专注执着和全身心投入,用自己的言行为学生树立榜样,用自己的心灵去感受学生的需求,用自己的热情去点燃学生的激情。

第三节 "绳韵"教育体现教育的多样性

百年大计,教育为本;教育大计,教师为本。教育应该适应不同学生的需求和特点,促进他们的个性发展。高境科创实验小学在"绳韵"教育的实践中,坚定地走在教育多样性的道路上。这种多样性不仅体现在课程的丰富性和教学方法的灵活性上,更深深植根于我们对每个孩子独特性的尊重与珍视。

学校通过小学生跨学科主题综合实践活动、项目式学习等方式,引导学生主动参与、独立思考,培养他们的自主学习能力和合作精神,培养出具有创新精神和实践能力的时代新人,为他们的未来发展奠定坚实的基础。

一、"绳韵"教育彰显集体主义文化

著名教育家马卡连柯认为在集体中要不断地提高对学生的要求,并把这种出于对学生尊重的要求看成是纪律的基础。我们每一项集体开展的教育活动都应既教育集体又要教育个人。在教育中,要经常向集体提出新的奋斗目标,给集体展现美好的前景,鼓励集体为了达到这个美好的前景而努力奋斗。

从"花样跳绳"的运动功能到"绳韵"教育的育人功能的迭代,使学生充分认识自己的生理状况、心理状况以及与他人的关系,这样更有利于团队合作精神的培养。"花样跳绳"具有一种强调团结、协作和共同进步的理念。它不仅注重个人的成长,更强调集体力量的发挥,以及个体在集体中的和谐与共同发展。学生通过花样跳绳运动的参与,可以直接领悟到自我认识、自我体验、自我控制,使自我在团队中的意识不断强化和完善,从而促进为集体荣誉而战的积极人格的形成与健全。

从花样跳绳体育活动为团队而战到班集体的建设,学生通过自我认识、自我体验、自我控制激发积极的人格,来实现认真尽责、诚实礼貌、合作交往、自主进取、自尊自信、情绪适应的和谐发展,提高团队人格培养的有效性,提升基础教育的质量。

"绳韵"教育强调个体与集体的和谐统一。个体不再是孤立的、彼此分离的,个体的发展和集体的进步是相互促进的,而不是相互对立的,学生被视为一个整体中的组成部分,彼此之间存在着千丝万缕的联系。在这种观念之下,个体的成长不再仅仅是个人的事情,而是与集体的整体发展紧密相连。它鼓励个体不仅要关注自身的利益,更要关心集体的利益。每一个个体都像绳索中的一股细绳,既有个性,也有共性,只有当所有的细绳都朝着同一方向用力,才能使整根绳索发挥出最大的力量。

另外,强调团队精神和社会责任感,鼓励个体为集体利益而努力,以及培养个体的团队精神,更是"绳韵"教育的重要组成部分。这也意味着,在"绳韵"教育中,个体不仅要关注自身的利益,还要关心集体的利益。当个体与集体利益发生冲突时,个体应当以集体利益为重,愿意为集体的整体发展作出牺牲和贡献。

因此,"绳韵"教育不仅仅是一种教育方法,更是一种深层次的教育理念。在这一理念下,集体主义观念被赋予了特殊的地位。通过"绳韵"教育,我们可以看到一种对集体主义观念的深刻理解和实践。这种观念不仅仅停留在理论层面,而且深入教育实践,成为培养下一代的重要指导思想。在这个过程中,个体与集体的关系得到了新的解读,为社会的和谐与进步注入了新的活力。下面且看一位学生所谈的体会。

案例

"绳"奇的力量

高境科创实验小学三(1)班　王语曈

作为学校花样跳绳队的一员,我们日常的训练和参赛都体现着团队力量的重要性。比如在各种表演项目和30秒交互绳速度赛项目中,不管是摇绳队员,还是跳绳队员,都要保持高度的注意力,把握好节奏,相互之间配合好了,才能不间断且高效地完成比赛,取得胜利。

这些集体项目的成功和比赛的胜利,离不开队员之间的团结协作。大家为团队的胜利而努力。

在班集体中,也需要每位同学拥有强烈的团队精神,跳绳队的团队合作精神正好激励着我们。作为大队委员,我和同学们一起严格遵守行为规范,通过同学们的共同努力,获得行规示范班的荣誉称号;又如在拔河比赛时,胜利的因子把握在每位同学的手中,只要大家拥有必胜的决心,喊出坚定的口号,劲往一处使,胜利之绳就会向我们这边倾斜。人心齐,泰山移。我们在团队中锻炼和成长,当我们发挥出自身的个性优势时,我们的团队也会闪现出灿烂的光芒!

二、"绳韵"教育培养积极健康的人格

蔡元培先生曾说过:"夫完全人格,首在体育。"他强调了体育在塑造人的全面素质和品格中的重要性。体育不仅可以锻炼身体,增强体质,更重要的是可以培养人的团队协作能力、竞争意识、毅力、耐力和坚韧不拔的精神。

在现代社会,随着科技的发展和生活方式的改变,人们越来越依赖电子设备和互联网,导致缺乏足够的体育锻炼。这不仅会影响身体健康,还会影响心理和精神健康。因此,高境科创实验小学十分重视体育在教育中的地位,通过体育锻炼,帮助学生建立积极向上的人生态度和价值观。从"花样跳绳"到"阳

光绳韵",体现了"绳韵"教育的重要性。

　　小学阶段是儿童人格形成和发展的关键阶段。对于小学生来说,促进人格形成和发展的一个重要载体就是教育,学校、老师、班级、同学等都是教育元素,教师起到了重要的导向作用。从花样跳绳运动项目到绳环境布置,学校通过"绳秘园"探究、"绳 STEM＋"课程、"绳艺坊"活动、"绳环境"布置、"绳文创"推进等方式,营造了学校独特的文化氛围,突显了环境显性与隐性教育功能,形成了学校文化品牌。师生共同在了解"绳"的发展历史、传承文化基因中,领悟"绳"的内涵,树立文化自信,培养积极健康人格。

　　我们深挖"绳"的内涵与育人价值,丰富"以绳育德、以绳增智、以绳健体、以绳审美、以绳聚心"的文化内涵,打破学科壁垒,通过跨学科主题学习,推进国家课程校本化实施,促进五育并举。

　　历时十多年,学校着力建构了"绳织纵横"育人模式。我们基于"以体育人"理念,校内主要通过阶梯式课程推进、跨学科主题学习实现了课程育人,通过五彩绳结考段、绳趣社团、花样竞技活动实现了活动育人;校外通过"家—校—社"横向联动辐射,"幼—小—中"纵向衔接输送的"一条绳"协同育人方式,逐步形成了"绳织纵横"育人模式,实现了"以绳育德、以绳增智、以绳健体、以绳审美、以绳聚心"的"以体育人"教育理想。下面一组案例,从不同视角对此阐述了体会。

 案例

花样跳绳带给我的收获

高境科创实验小学五(3)班　施项荣

　　我是高境科创实验小学五年级3班的施项荣,记得刚进一年级的时候,我身高只有1.2米,性格胆小怯懦,身体协调性差,注意力不够集中。

　　一年级体育课上,我报名参加了我们学校的花样跳绳队,那次选择彻底改变了我。从此,花样跳绳为我打开了一个全新的世界,我踏上跳绳律动之旅:我选择长度合适的跳绳,双脚并拢站在绳子中央,双手握住跳绳把手,调整绳子长度至胸部位置,保持身体挺直,膝盖微微弯曲,脚尖稍微抬起,随着绳索转动,脚步跟随音乐节奏舞动,仿佛整个世界都随着我的跳动而欢快起来。无论是在阳光明媚的操场,还是在舒适的体育馆,每天放学后花一两个小时训练花样跳绳,是我一天中最快乐的时光。

时光荏苒,我已经五年级了。这五年来我收获满满,我的身高从 1.2 米长到了 1.6 米,我长高长壮了,觉得自己更帅了,老师夸我的力量、速度、灵敏度、柔韧度都提高了,身体协调能力和一年级相比更是不可同日而语。

花样跳绳需要我不断地尝试、练习、改进,我曾遇到很多困难和挫折,但我没有放弃,我克服了自己的恐惧和犹豫。每当完成一个新的花样,我内心的自豪感和成就感就油然而生。我觉得自己可以做好任何事情,我对自己更有信心了。

花样跳绳培养了我注意力集中、思维敏捷、创造力强,这些都是学习的重要素质。我在学习上更容易专注,更容易理解问题,想出解决办法;我对学习更感兴趣,更有动力了,我的成绩有了明显的提高。对了,我连续几学期被评为"金牌学习小达人",无论是"小机灵"比赛,还是古诗文大赛、作文比赛,我都屡获佳绩。

学习花样跳绳让我变得更快乐、更自信、更健康、更阳光。这是一项非常有意义的运动,我会继续坚持下去,学习更多的花样跳绳,享受其中的乐趣,也希望更多的同学能够加入花样跳绳队伍中,和我一起成长,一起进步。

 案例

一根绳,一种精神

高境科创实验小学五(2)班　王辰泽家长

"恒心如铁,坚毅不摧。"意思是说,只有具备坚定的决心和毅力,才能战胜困难,实现目标。正如一位名人所说:"顽强的毅力可以征服世界上任何一座高峰。"

作为家长,对孩子的期望很简单——想通过花样跳绳,让孩子身体健康,同时锻炼孩子的坚韧性和意志力,从而促进学习进步。这些都在一根小小的绳子的帮助下实现了。

孩子的跳绳训练并非一帆风顺,他的每一次跳跃,都伴随着汗水和努力。起初,他总是跳不过去,或者完不成教练要求的难度动作,一次又一次地绊倒,但他从未放弃。

记得那是一个炎热的夏日,他在操场上练习跳绳。阳光洒在他满是汗水的脸上,却掩盖不住他坚定的眼神。每当失败,他都会默默地捡起绳子,重新开始。他的坚持,让我看到了对待困难的态度在悄然改变。

随着跳绳技巧的逐渐提高,孩子在学习上也展现出了前所未有的态度。面对难题,他不再轻易放弃,而是像对待跳绳一样,一遍又一遍地尝试、思考。他的学习态度逐渐变得积极,对知识的渴望也日益增强。

更令我欣喜的是,跳绳不仅改变了王辰泽对待困难的态度,更让他在精神面貌上焕然一新。他变得更加积极向上,总是迎难而上,不畏艰难。每当遇到挑战,他都会微笑着说:"就像跳绳一样,只要不断尝试,总会有成功的一天。"

一次次的艰苦训练,换来了赛场上丰硕的成果,他凭借着平时的刻苦训练,在比赛中获得了优异的成绩。他站在领奖台上,脸上洋溢着自信的笑容。那一刻,我知道他的付出得到了回报,他的努力没有白费。

一根小小的绳子,不仅教会了孩子如何面对困难,更让他学会了坚持与努力。我相信,在未来的日子里,无论遇到多大的挑战,他都能凭借这份坚持与勇气,迎难而上,创造属于自己的辉煌。

教育家精神是一种品质的体现,它需要我们在日常工作中保持对教育的热情和专注,注重创新和实践,全身心投入教育事业。只有这样,我们才能真正地体现教育家精神,为学生的成长和发展作出更大的贡献。

党的十八大以来,习近平总书记关于教师及教育工作的重要论述中始终贯穿着教育家精神思想体系。2013年习近平总书记致全国广大教师的慰问信中提出:"牢固树立终身学习理念,加强学习,拓宽视野,更新知识,不断提高业务能力和教育教学质量,努力成为业务精湛、学生喜爱的高素质教师。"2014 年习近平总书记同北京大学师生座谈时指出:"教师要时刻铭记教书育人的使命,甘当人梯,甘当铺路石,以人格魅力引导学生心灵,以学术造诣开启学生的智慧之门。"2023 年 9 月,习近平总书记提出具有时代内涵的"心有大我、至诚报国的理想信念,言为士则、行为世范的道德情操,启智润心、因材施教的育人智慧,勤学笃行、求是创新的躬耕态度,乐教爱生、甘于奉献的仁爱之心,胸怀天下、以文化人的弘道追求"的教育家精神。在教育强国背景下,弘扬教育家精神对于实现中华民族伟大复兴具有极其重要的理论意义和现实意义。

可见,从成为"业务精湛、学生喜爱的高素质教师"到"'四有'好老师",再到"大先生",一直到体现教育家精神,这是习近平总书记对于新时代"建设什么样的教师队伍、怎么建设教师队伍"深刻而系统的思想理论体系,体现了在我国长期教育实践中积累起来的宝贵智慧成果、教育自信和发展格局,是新时代教师队伍高质量发展的根本遵循。

这也是高境科创实验小学广大教师结合"绳韵"教育实践的专业素养要求。

第二章

"绳韵"教育解决普通学校的普通问题

高境科创实验小学选择并坚持以"花样跳绳"运动项目为抓手，十年如一日，持久地追求"以体育人"的那一束光，定格在"绳韵"教育，所展现的是"普通学校解决普通问题"和"办好老百姓家门口的优质学校"的办学思路。高境科创实验小学作为一所动迁小区的配套小学，不允许挑选生源，也没有特殊资源；同时，社区的历史短，文化积淀不深。学校以自己的办学思路，守教育初心，就必须聚焦创建新优质学校的目标，正视学校实际，回归教育本原，实现让每一个学生健康快乐地成长。于是选择抓手和切入口必须符合学校教育的常态领域，让常态领域展现不一样的教育品质。而做强体育这一常态领域，做大"以体育人"的文章，结合新优质项目化平台，围绕一根"绳"来创新实践路径，让每一位学生在提升体质健康水平的同时，收获素养提升的成功，"以绳育德、以绳增智、以绳健体、以绳审美、以绳聚心"，实现"以体育人"的教育理想，正是学校的可行路径。

　　学校从"花样跳绳"运动项目到"绳韵"教育的实践过程中，以学生的全面发展为核心，尊重学生的个性差异，关注学生的实际需求，注重学生的主体性、实践性和创新性。以多样化的"绳韵"教育内容，通过跨学科融合，让学生在实践中发现问题、解决问题，激发学生的学习兴趣和动力，注重人格的培养和心灵的塑造，提高学生的综合素质和能力，体现五育并举。

　　作为一所普通的学校，我们从"花样跳绳"这一最普通常见的体育运动项目开始，走出了一条"绳韵"教育特色办学之路。

第一节 "绳韵"教育在疑难中寻找问题

任何学校选择教育主题,都是因为在"应该"与"现实"之间存在问题。宝山区教育局按年度针对各学段学生进行体测,2007—2009年度的数据显示,全区学生体质健康综合评价指标的优秀率和良好率逐年下降,及格率和不及格率以及肥胖率逐年递增。这与全国的数据情况也基本一致。

我们作为一所普通小学,学生体质下降也是一个现实问题。分析成因,最主要的就是应试教育模式的影响——学生课业负担过重,存在重智育、轻体育的倾向,学生休息和锻炼时间严重不足;学校怕学生体育运动受伤,学校的体育课和学生的体育活动量及运动强度难以达标。面对这种情况,作为动迁小区配套小学,要想用"投入小,见效快"的项目解决问题,让这所普通学校走出低谷,一个明智的选择就是经济、方便的传统体育运动项目——跳绳,并深度挖掘和盘活跳绳能够激励学生追求卓越、挑战自我,培养学生的团结协作、顽强拼搏的精神品质等功能,走出一条以小博大的破困新途。

面对"跳绳"这一普通项目,如何通过体育教学来教会小学生基本运动技能? 如何解决小学生操控、平衡、协调等能力薄弱问题,提升体质? 如何挖掘学校体育特色项目的内涵和育人价值,探索学与教的有效路径? 这些都成为摆在我们面前的探索课题。

一、寻找学校特色项目实施的切入点

针对学校体育教学发展困境、体育综合育人价值缺失等情况,学校体育组认为,跳绳和花样跳绳这类运动是我国的一项民间传统体育项目,它不仅具有强身健体的功效,还具有较强的娱乐性和观赏性。特别是花样跳绳,更是一项集趣味性、技巧性、灵活性、艺术性、创造性于一体的适合个人和集体参与的健身运动,不仅在提高学生身体协调能力、耐力素质、灵敏素质等方面具有良好效果,而且能充分提高学生学习的兴趣和积极性。它的运动器械简单——一根绳即可,它的场地要求低——只要有运动空间,它有别于传统跳绳——具有创新性。学校体育组遂决定引进花样跳绳作为学生运动的载体,通过跳绳这个不受空间限制、运动器械简单的项目,增加学生的运动时间,以此来增强学生的体质。

2010年10月,上海体育学院的专业"跃动跳绳队"携手世界冠军走进学校。专业运动员飘逸的绳姿,丰富多样的绳舞,欢快地跳跃……都深深吸引了师生的目光。围观人群发出的一阵阵掌声和欢呼,表明全体师生的激情被点燃了。正是十多年前的这一幕,为当年坚定选择这一特色项目而筑牢了信心,并以体育组为主体,对项目中特色课程建设、教学模式和促进素养培育的思路开展了深度研讨。

在体育组的努力下,学校引进了花样跳绳项目,决定以"花样跳绳"作为学校特色课程,并以此为切入点,来促进学生爱运动、多运动,努力提高学生的身体素质。

随着学校"花样跳绳"特色项目不断地深入开展,花样跳绳运动开展也遇到了瓶颈。我们发现,学校开展的各类竞技比赛活动仅仅是学生对花样跳绳活动的展示,学生对花样跳绳的基本技能的学习是不够的。为此,我们组织体育组教师探索如何利用体育课的课堂教学,教会学生跳绳的基本动作和技能,以此来夯实学生开展花样跳绳的基础。

在体育教学改革之前,学校要求每位体育教师在每节体育课中,用五分钟时间对学生进行花样跳绳基本技能和动作的训练与巩固。学生通过老师的讲解示范以及同学之间的互动训练,巩固了花样跳绳的基本技能和技巧。

随着体育课堂的改革,体育课时增加到了每周五节。于是,学校体育组商量决定,在五节体育课中拿出一节体育课作为花样跳绳专项课,这成为花样跳绳课堂的核心。在这节体育课中,教师采用了多种教学方法对学生进行系统的训练和练习,确保学生能够正确掌握跳绳技能,为后续的学习打下坚实的基础。同时,体育老师还注重培养学生的兴趣和热情,通过有趣的练习和游戏,让学生在轻松愉快的氛围中学习。

正在掀起的新一轮课程改革,不仅给国家课程的校本化实施开辟了创造性实践的天地,也为校本课程的创新建设提供了机遇。学校以"学生健康快乐地成长"为导向,充分利用本校体育资源,选择跳绳这一运动项目作为体育校本课程的建设项目。2013年,我们研发了"绳舞飞扬"特色课程,现在已经改编为区本课程"轻松学跳绳"。这一课程的开发,为我校"绳舞飞扬"特色项目开展提供了机制保障,提高了学生的运动能力和健康品质,形成了"学校以本土加特色、教师以优质加专长、学生以全面加特长"的传统体育课程特色。

二、搭建平台保障特色课程有效实施

在操场上、阳光下,学生"绳舞飞扬"的场景和快乐的笑脸,深深地嵌入了教师们的脑海里。"何不把跳绳跳到更大的平台、更宽的天地?"于是,学校给每一位学生提供一根绳,让学生每天带着使用,彰显对教学内涵的追寻。

但是,随着"绳舞飞扬"活动的普遍开展,学生的兴趣点反而在下降,学生对跳绳活动不再像刚接触时那么热衷,课间拿着绳子的学生少了,操场上跳绳的热闹场面减少了,甚至还有学生上学时不带绳子的现象。

新问题又出现了。如何打破这个新困局?如何让学生有更大的热情积极参与跳绳活动,以此来提高学生的身体素质?可能搭建新的平台,建立新的机制是可选之项。

2010年11月,学校体育组组织开展了"大课间绳操"活动。在体育教师的带领下,学生在欢快的绳操音乐中,做起了学校自编绳操。学生通过一根小小的绳儿自信地展示自我,同时唤醒身体各部分机能,起到良好的锻炼效果。

2010年12月,学校设计了每年冬季的校园花绳节(跳绳运动会)项目活动,进一步激发了学生参加跳绳运动的激情。学生对学练的态度、习惯、情感价值观和精神意志力等方面都能体现出较满意的结果,跳绳成为塑造人格过程中的重要一环。同学之间的合作意识和班集体的凝聚力,提升了班集体的集体荣誉感和责任感,培养了学生不怕艰难的意志品质,以及强壮的体魄和朝气蓬勃的精神风貌。校园花绳节也成为学生心中最期待的校园盛典。

2012年9月起,学校创建每月一次集体和个人"绳趣擂台赛"。集体绳操擂台赛以班级为单位进行绳操展示,个人擂台赛分别以个人项目和两人同步为主。绳操能在加强体育锻炼的同时塑造良好体态、提升艺术感知、培育表演基本素养,更能激发学生的集体荣誉感。"绳趣擂台赛"突出了"以赛促练"的原则,通过擂台赛,学生还可以申请段位考核,从而激发学生勤于锻炼、敢于挑战的自信心。

高境科创实验小学顺应新时代教育的发展趋势,积极落实"阳光体育一小时"的政策,寻找学生在"绳舞飞扬"为主题的花样跳绳活动中的实际体验,追求组织的多样化和内容的个性化,强调经历就有收获、挑战就有成长。我们关注师生历年运动会的每一次活动,吸引了各年段师生的踊跃参加,"阳光绳韵"的喝彩与欢呼声回荡在校园的各个角落。

 案例

失败是成功之母

高境科创实验小学三(3)班　施铭扬

作为三年级学生,目前我已经是紫段,我从一开始的不会跳绳到现在30秒能完成100个单摇跳,从一开始摇绳都磕磕绊绊到现在提膝跳、敬礼跳、车轮跳、交互绳等花样都能自如展示。开展五彩跳绳段位考核,使我逐渐爱上了花样跳绳这一运动。这项运动也让我受益匪浅,让我领略到了体育的快乐,循序渐进地掌握各种花样动作,增强了我的体能。在不断挑战段位的过程中,我感受到了成功的喜悦,同时也有了不服输的精神。

上学期的第一次段位考核中,我在俯卧撑跳环节挑战失败,导致考段未能成功。我的内心也非常难过：难道我这么久的努力是白费的吗？这时候老师给予我及时的肯定，给了我后续的练习建议："你在交互绳和车轮跳这些集体项目中协调性和个人能力值得其他同学学习，俯卧撑跳需要手部的力量，你平时在家里可以通过每天完成1分钟平板支撑来加强手部力量，相信下一次考段你一定能取得成功！"红段的小组员也给了我鼓舞和力量，我们一起练习一起努力，互帮互助，感受到集体的温暖和老师的关怀。通过课堂积极学练、课后坚持锻炼，我不仅成功克服了不足，还完成了紫段的挑战！我也会吸取和谨记这次失败带给我的宝贵的教训。失败并不可怕，只要努力和坚定，一定能够克服困难，迎接成功。

第二节　"绳韵"教育在实践中捕捉探索问题

教育之"绳"，是以"绳"作为载体，充分发挥"绳"的本体作用，并赋予教育的元素，使之从"跳绳"到"绳韵"，体现了高境科创实验小学全体师生从体锻绳到教育绳的转变，体现了育人功能和价值，反映了"以绳育德、以绳增智、以绳健体、以绳审美、以绳聚心"的学校文化内涵追求，使学校走上了一条"绳韵"教育的办学新路。

学校的"绳韵"教育尊重学生的个性差异，注重学生的个性化发展，强调实践和美美与共的氛围；还注重学生创新思维的培养，通过"绳韵"校本课程体系的建设，以跨学科项目融合教育，激发学生的创造力和想象力；更注重情感教育和人文关怀，关注学生的心理健康和情感需求，为未来的发展打下坚实的基础；同时注重学生的品质培养，让每一个学生形成良好的行为习惯和道德品质，最终把学生培养成善于运动者、创新合作者、责任担当者、阳光生活者。其发展方向如图2-2-1所示。

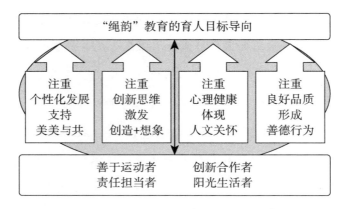

图2-2-1 "绳韵"教育的育人目标导向示意

一、捕捉"绳韵"教育的创新点

高境科创实验小学用跳绳这项颇传统、能普及的体育活动,构建起学校以课程为核心的"绳韵"教育体系,形成了"绳韵文化",走出了"绳韵"教育特色办学之路。那么,高境科创实验小学如何用一根绳子,构建一套课程,形成一种校园文化呢?

自2010年起,高境科创实验小学搭乘阳光体育的东风,与绳结缘。在发挥体育锻炼"本色跳绳"基础上,探究"绳"与"生活、艺术、科学、健康、劳动、学习"等之间的关系,创造性地架构了"绳韵"生活课程、"绳韵"艺术课程、"绳韵"科学课程、"绳韵"健康课程和"绳韵"阅读课程等,组成具有校本特色的"绳韵"课程体系,体现出"绳韵"教育注重课程设计的创新性。学校通过引入项目式学习、问题化学习、小学生主题综合实践活动等教学方式,引导学生在学习过程中主动探索、发现问题、解决问题,从而培养他们的创新思维和实践能力。学校"绳韵"课程还始终注意与时代的要求同步,体现了五育并举与五育融合,"绳韵"课程的多样性、丰富性激发了办学活力。

我们在优化"绳韵"课程中,还注意将"绳韵"教育延伸到家庭教育。学校以"绳"为媒介,用一根绳,连接学校与家庭,通过"家长护航志愿队"开设了"绳韵护航成长之旅"家庭教育校本课程。此课程关注家长的育人能力和方法指导,传授家长获取知识和技能的方法,实施过程中教师与家长在人格上彼此尊重,在教育过程中合作分享,逐步指导家长树立科学的育人观,最终达到"绳韵护航成长"。

在"绳韵"课程的实践过程中,我们发现花样跳绳的动作能不断变化,含有样式创新性;花样跳绳要顺利开展并取得好成绩,还需要团队成员的默契配合,具有合作精神;花样跳绳要动作连贯不失误,要取得好成绩,需要不断地训练,同时,绳子不小心打在身上会非常疼,比赛还可能失败,这能培养孩子的坚韧性;花样跳绳动作繁多,一套动作顺利完成,孩子们取得了成功很开心,让孩子们感到很快乐。由此,学校提炼出了"创新、合作、坚韧、快乐"的校风,挖掘了"以绳育德、以绳增智、以绳健体、以绳审美、以绳聚心"的学校文化内涵,提出了"阳光绳韵,引领师生健康快乐地成长"的学校愿景,形成了"PEACH"师生发展实践模式,提升了师生的精气神,使全体师生成为能坚持、有情感、会主动、自信、健康的高境科创人。

二、捕捉"绳韵"学生的发展点

花样跳绳的花式繁多,能激发学生的兴趣,使他们更加积极主动地参与其中。多样的动作和难度等级可以满足不同学生的需求,让他们在挑战自我中感受到运动的乐趣。这种兴趣的激发不仅有助于培养学生的运动习惯,还能促进他们在其他方面的积极性和创造力。因此,花样跳绳作为一项富有变化和创意的运动,在教育教学中具有广泛的应用价值。通过不断地探索和实践,我们可以进一步发挥花样跳绳的潜力,为学生的全面发展提供更多可能性。

(一)"绳韵"教育使学生成为善于运动者

随着教育理念的不断更新和进步,我们越来越认识到体育在学生全面成长中的重要地位。在这样的背景下,基于花样跳绳所形成的"绳韵"教育应运而生,它不仅注重培养学生的运动技能,还强调在运动中塑造学生的品格,使他们成为善于运动者。

花样跳绳作为一种花样繁多、充满乐趣和活力的运动,深受学生的喜爱。通过参与跳绳活动,学生可以释放压力、增强自信心,并学会在运动中寻找快乐,从而更加热爱生活,享受阳光。利用花样跳绳动作变化多、富有韵律感的特点,锻炼学生的协调性和灵活性,更能培养团队协作精神、坚韧不拔的意志和积极向上的心态。这种教育方式使学生在运动中体验到成长的快乐,也让他们在无形中形成了健康的生活方式。

在学校,教师通过精心设计花样跳绳活动,引导学生体验成功与失败,学会在团队中发挥自己的作用,同时尊重他人,倾听不同的意见。这种教育方式不仅提升了学生的身体素质,还在心理和情感层面促进了他们的全面发展,有助于形成更加健康、坚韧和全面的人格。

我们还注重基于花样跳绳的"绳韵"多元教育,构建家庭、学校和社区的协同机制。家庭是孩子成长的摇篮,家长的支持和鼓励对学生的成长至关重要。学校通过组织亲子花绳节、亲子跳绳挑战赛、亲子 AI 跳绳打卡等活动,也让学生在家庭中感受到运动的乐趣。社区则为"绳韵"教育提供了广阔的舞台。学生走进社区、走进共建单位,在参与社区花样跳绳活动的过程中,展现了自己、锻炼了自己,在更积极地投入运动中成为真正的善于运动者。

(二)"绳韵"教育使学生成为创新合作者

在当今的教育环境中,我们越来越意识到培养学生的创新思维和合作能力的重要性。正是基于这样的理念,我们在"绳韵"教育过程中,构建并实施"绳韵"校本课程,借力花样跳绳这一富有创意的活动,引领学生走创新与合作之路。

在"绳韵"教育实施过程中,我们通过花样跳绳这项体育活动,引导学生在编排动作和组合的过程中,发挥他们的想象力,勇于尝试新的动作和组合。这种自由发挥的空间,使学生可以在实践中锻炼自己的创新意识和创新思维,提升创新能力。

在"绳韵"教育实施过程中,还强调合作精神的培养。花样跳绳更注重团队合作能力,需要互相配合、协作来完成各种动作和组合。这种合作不仅是为了达成共同的目标,更是一种团队精神的培养。学生在相互支持、鼓励和帮助中,学会了如何与他人合作、如何沟通协调,增强了他们的人际交往能力。

"绳韵"教育是引领学生走向创新与合作之路的有效途径,通过花样跳绳致力于激发学生的创新思维和培养他们的合作能力。同时,我们还注重提升学生的综合素质,使他们更好地适应未来社会的需求。我们相信,"绳韵"校本课程将为学生带来一个充满挑战和机遇的创新与合作之旅。

(三)"绳韵"教育使学生成为责任担当者

在快节奏的现代社会,责任担当已成为人们适应发展、追求卓越的关键品质。高境科创实验小学的"绳韵"教育,作为一种富有创意的教育方式,正以其独特的方式塑造着新一代的责任担当者。

"绳韵"教育中的花样跳绳活动,不仅是一项体育锻炼,更是一场心灵的历练。在团队的默契配合中,每个学生都承担着自己的责任。无论是摇绳的力度,还是跳绳的节奏,都需要与团队完美配合,这正是对学生责任感和团队意识最好的培养。学生在参与花样跳绳的过程中,逐渐认识到责任的重要性。他们学会在团队中发挥自己的价值,努力为团队的胜利贡献力量。这种教育方式使学生在欢笑与汗水中,培养了勇于担当的品质。

"绳韵"教育中的花样跳绳活动是一种富有创意的教育方式。它让学生在参与中体验责任的重要性,培养他们的责任感和团队合作意识。为了更好地推广"绳韵"教育,我们需要家庭、学校和社会各界的共同参与,携手共进,助力新一代责任担当者茁壮成长。

在"绳韵"教育的熏陶下,新一代责任担当者茁壮成长,他们不仅具备扎实的学科知识,更拥有强烈的责任感和团队合作精神。他们勇于担当,敢于追求卓越,用自己的实际行动践行着责任担当的精神。

(四)"绳韵"教育使学生成为阳光生活者

在繁忙的现代生活中,阳光的生活态度对于每个人的成长和发展都至关重要。"绳韵"教育作为一种富有创意的教育方式,正以其独特的方式引导学生成为阳光生活者。

"绳韵"教育中的花样跳绳活动具有不断突破自我的特性,它不仅是一项充满活力的体育运动,更是一种积极向上的生活态度的体现。参与这项活动的过程,学生就会面对挑战和困难,同时享受成功,并保持乐观的心态。学生的每一次跳跃、每一次旋转,都充满了对生活的热爱和对未来的憧憬。

"绳韵"教育还注重培养学生的自信心和积极心态。通过参与各种团队活动和竞赛,学生逐渐克服了羞涩和胆怯,变得更加自信和开朗。他们学会了在人群中展现自己的才华和魅力,用阳光的心态去感染周围的人。

此外,"绳韵"教育还倡导学生关注身心健康,养成健康的生活习惯。通过参与跳绳等运动,学生自然而然地提高了身体素质,培养了健康的生活方式。他们学会了合理安排作息时间,保证充足的睡眠和饮食,以饱满的精神状态迎接每一天的挑战。

同样在"绳韵"教育的熏陶下,学生逐渐成为阳光生活者。他们用积极的态度面对生活中的挑战和机遇,用阳光的心态去感染周围的人。这种教育方式不仅有助于学生的个人成长,也为社会的和谐发展注入了正能量。

"绳韵"教育通过引导学生参与各种团队活动和竞赛,培养他们的自信心、积极心态和社会责任感。同时,它还注重培养学生的身心健康和生活习惯,让他们成为阳光生活者。

因此,花样跳绳在培养学生的运动能力、创新思维、团队合作精神以及阳光心态方面具有重要作用。通过参与花样跳绳,学生可以全面发展成为善于运动者、创新合作者、责任担当者以及阳光生活者,为未来的成长奠定坚实基础。

 案例

少年才俊　凯歌阵阵

2012 年 9 月,高境科创实验小学迎来了一批新生。在这批新生中,一个名叫黄俊凯的孩子引起了老师的注意。他是江西人,父母带着他一起来到上海,以来沪务工人员子女的身份进入了我校。他个子矮小,性格内向,平时极不善于与人交流。体育课上,体育老师发现不善于言谈的他喜欢跳绳且弹跳能力强,于是把他招进了学校跳绳队。

　　就这样,黄俊凯从一年级开始接受学校跳绳训练。由于他性格内向,不善于交往,平时总是根据老师的要求,自己默默地进行训练,因此一开始并没有引起老师的重点关注。但由于他对跳绳的热爱,让他把更多的时间和精力用在了跳绳训练上,二年级时,这个孩子在交互绳速度方面展现出了天赋。他的双脚轮换速度非常快,而且能保持频率基本一致,这样可以有效避免失误。体育老师针对黄俊凯的性格以及他跳绳速度快的特点,在校队中给他找到了两名搭档,组合成三人组,一起配合开展训练。训练中,老师总是主动与黄俊凯进行互动,针对他不爱与人交流的性格,要求他主动用话语说出训练中存在的问题,帮助他与同学之间进行互动交流,培养彼此间的默契感。

　　2014 年 10 月,在香港举办的国际交互绳大赛中,三年级的黄俊凯组合跳出了单脚 82 个的喜人成绩,夺得了本次大赛的冠军。在老师的引导与同学的帮助下,在组内交流时,黄俊凯有时也会主动表述自己的想法,性格也较以前活泼了些,但对外,他内向、不爱说话的性格可谓是没有多大变化。2015 年 5 月,在北京录制节目,某大导演看到黄俊凯组合的表现,非常兴奋,主动找黄俊凯聊天,询问他平时训练比赛的动人瞬间。可内向的黄俊凯,硬是 2 分钟内没开口说过一句话。针对黄俊凯不爱与人交流这个问题,老师要求他在每次训练时,根据自己的节奏和状态,主动提醒摇绳同学,提高配合度;训练结束后,让他根据当天的训练成效进行 2 分钟的及时总结,并让跳绳队同学对他的表现进行点评,鼓励他大胆地表达自己。而每当训练达到或者超出预定的成绩时,老师和同学会与他一起高兴地拥抱、大声地欢笑……就这样,日积月累,持之以恒地让他每天变化一点点。黄俊凯的性格真的慢慢地发生了变化,他开始主动与同学、老师沟通了。高兴了,他会大笑;失误了,他会难过后主动鼓励队员与自己,用更好的面貌面对每一次挑战。

　　2015 年 11 月,黄俊凯组合参加了上海市交互绳大赛,由于发挥失常,本次大赛只拿到第四名的成绩。回到学校后,老师发现他似乎又变回了以前那个不爱说话、不自信的他,且训练时也不再像以往那样积极。针对这一情况,老师和他进行了伙伴式的谈心,并与他父母进行了沟通,了解了他最近在家的情况和状态。在家人、老师、同学的鼓励陪伴下,黄俊凯重拾了自信。与此同时,学校还用心组织了一场跳绳友谊赛,用一场酣畅淋漓的比赛彻底扫去了他心中的阴霾。他由此也变得更坚强了,训练也更用心了。此后,在全国跳绳联赛、长三角锦标赛、上海市阳光体育大联赛等赛场上,只要黄俊凯组合参与 30 秒交互绳速度赛,那么冠军总是他们。他们在跳绳圈中逐渐也有了名气,一到赛场,别的孩子就会说,"快看,快看,黄俊凯他们来了"。"自信、阳光、善于表现自己",现在可以说是黄俊凯的代名词了。2016 年 10 月,在上海市交互绳大赛上,他们平了当时的交互绳大赛纪录。2019 年,他们在挪威跳绳世界杯上以 286 个的惊人成绩,打破了 30 秒交互绳速度赛的世界纪录,创造了"中国速度"。2021 年,在青岛举办的全国学生运动会上,黄俊凯再次平了自己保持的世界纪录,获得冠军。

黄俊凯通过一根小小的绳儿,改变自己,成为一名健康阳光的新时代青年,成就了更好的自己。他多次登上央视、湖南卫视等主流媒体的舞台,为跳绳界留下了一段传奇。

三、捕捉"绳韵"教师的成长点

"绳韵"教育不仅关注学生的成长,同时也关注教师的成长。教师队伍建设是一个重要的议题,它关乎教育质量的高低和学生的未来发展。高境科创实验小学在"绳韵"教育实施过程中,注重教师队伍建设及其专业素养提升,以立德树人为根本任务,以为党育人、为国育才为根本目标,以育人为导向,追求办学高境界,提升学校办学层次,使学校成为学生特长明显、教师德业双馨、学校特色丰满的高质量办学的特色学校和新优质学校。

在学校干部队伍建设中,我们以"阳光绳韵"的精神,激励我们的干部积极探索创新管理模式和工作方式,提高学校管理水平,为学校发展注入新的活力,促进学校可持续发展。我们以精细化管理为抓手,以任务驱动、主动发展、形成风格为工作思路,注重干部大局观的培养,注重在工作中的统筹性、协调性,形成干部想干事、会干事、能干事和敢管事、不怕事、勇担责的风气,促使其在实践中成长,从而增强学校管理的凝聚力和战斗力。

在骨干教师队伍建设中,我们本着边培养边引领,边引领边出成效的思想,通过压担子、引路子、搭台子,聚焦课堂教学,注重实践课教学研讨,不遗余力地让骨干教师发挥示范引领作用,逐步形成骨干教师的各层次梯队,从而促进学校教育质量的整体提升。

在成熟型教师队伍建设中,我们以任务驱动、机制激励为策略发挥他们在教研组内的参与、指导作用,用中、老年教师丰富的教育教学经验实现其二次成长,同时提升他们的业务素养。

在青年教师队伍建设中,我们以"青杏成长坊"青年教师成长共同体为载体,以"问题—目标—措施—实践—反思"的多轮循环的反思性实践模式,通过引路子、搭台子、压担子,鼓励更多青年教师在实践中摸索,在磨砺中成长。

 案例

春风化"语",杏坛芳华

高境科创实验小学 林墨吟

作为一名青年教师,我的成长之路就像青杏在春风中慢慢成熟的过程,既充满挑战又充满希望。

上好每一堂课,是我每天必须面对的挑战。刚开始的时候,我总是紧张得不知所措,生怕在课堂上出现失误。幸运的是,我校组建了名为"青杏成长坊"的青年教师成长群,让我们彼此成为成长共同体。在这里,我遇到了一群志同道合的小伙伴和经验丰富的导师。他们不仅给我提供了宝贵的教学经验和建议,还鼓励我勇敢地面对挑战,不断地尝试和实践。作为一名青年教师,我的成长之路充满了探索与收获,让我在实践中不断磨砺,逐渐走向成熟。

在"青杏成长坊"的带领下,我开始尝试采用"问题—目标—措施—实践—反思"的反思性实践模式。在每一次上课前,我都会认真备课,精心设计教案,注重问题式、启发式的教学模式,着力设计教学环节以引导学生思考,激发他们的学习兴趣,让他们在课堂上能够主动参与、积极发言。课堂上,我紧紧把握教学目标,注重课堂氛围的营造,努力创造一个轻松、愉快的学习环境,让学生在轻松愉悦的氛围中掌握知识。在上课过程中,我时刻关注学生的反应,及时调整自己的教学方式和策略。我会根据学生的实际情况,灵活运用不同的教学方法和手段,让他们能够更好地理解和掌握知识。同时,我也注重与学生的互动,鼓励他们提出问题和意见,与他们共同探讨、解决问题。课后我会进行课堂反思,不断改进,以评促教,力求更好的课堂成效。

同时,"青杏成长坊"还为我提供了许多展示自己才华的机会。我参加了各类教学竞赛和研讨活动,与其他青年教师交流心得、分享经验。这些经历不仅让我拓宽了视野,也让我更加坚定了自己从事教育事业的决心。在2020—2021学年,我很荣幸地成为宝山区"青陶工程"小学语文青年教师素养提升班的一员。通过不断的实践与磨炼,我在教育教学比赛中屡获佳绩。2020年9月,古诗教学《暮江吟》在"迦陵杯·诗教中国"中荣获市级三等奖;2023年12月,荣获"2023年宝山区课程与教学综合评比中青年教师教学评比"二等奖。我逐渐明白,上课不仅是传授知识的过程,更是一个与学生共同成长、互动交流的舞台。

除了上课,行动研究也是我成长过程中的重要一环。我深知,只有通过不断的研究,才能不断提升自己的教学水平和能力。在"青杏成长坊"的导师带领下,我积极参与各种教研活动和教学研究,不断学习新的教育理念和教学方法。我会将学到的理论知识运用到实践中,通过观察、分析和总结,不断优化自己的教学策略和方法。同时,我也注重对自己的教学过程进行反思和总结。每次课后,我都会认真回顾自己的教学过程,分析其中的优点和不足,思考如何改进和提高。

在线上教学期间,我努力探索新的教学方式,撰写的《一场特殊的"云诗歌朗诵会"——以小学语文统编版四下第三单元综合性学习"轻叩诗歌大门"之举办诗歌朗诵会活动为例》在 2020 年"黄浦杯"长三角城市群"创新视角下的教育现代化"征文评选中荣获三等奖。在这次研究的基础上,我继续改进,在教学恢复到线下后,我采用线上线下融合教学的形式,继续进行行动研究,在 2022 年"黄浦杯"长三角城市群"温暖的教学"征文评选中荣获一等奖。

回首自己的成长之路,我深感感激和庆幸。感激"青杏成长坊"这个温暖的大家庭给予我的支持和帮助;庆幸自己能够勇敢地面对挑战,不断地学习和进步。我相信,在未来的日子里,我会继续在教育这条道路上努力前行,绽放出更加绚丽的光芒。

对于有志向、肯吃苦、有能力的优秀青年教师,我们以"GROW 成长项目"予以引领。这个"GROW"成长式培训以学员为核心,更强调其自身的主动成长。学校注重以此为载体,让一批愿意奉献、积极进取的成长型青年教师在各种岗位的锻炼和各种任务的加压中迅速成长。

 案例

"GROW 成长项目"助力青年干部成才

高境科创实验小学　吴　姗

2010 年大学毕业后,出于对教育的无比热爱,我走进了高境科创实验小学,踏入了教育的殿堂,成为一名小学音乐教师。高境科创实验小学如同明灯般照亮了我前行的道路,为我提供了无尽的自我锻炼与成长的空间,让我不断在挑战与追求中磨砺自己,实现个人的成长与蜕变。

一、学校搭台子,师父引路子

作为一名刚踏出校门的新教师,如果说扎实的音乐基础和对教育教学无比的热爱是我的优点,那如何有效地进行音乐课堂教学,引导学生去感受音乐的魅力、享受音乐带来的乐趣就是我的短板了。为了让如同一张白纸的我正确、快速地成长,学校为我聘请了宝山区音乐教研员李春红老师作为我的带教师父。李老师的悉心指导和帮助,让我的成长从起点就站在了一定的高度上。

李老师经常带着我观摩区级、市级公开课教学,学习名师们如何组织课堂教学,激发学生的学习兴趣。观课后,李老师又会让我谈谈我的听课体会,说说我的收获,并和我分享她的听课感受,结合她自己多年的教育教学经验,有针对性地评价每节课的亮点以及可以改进之处。在此基础上,李老师会让我选择类似的教学内容进行备课、上课,引导我如何根据学生的年龄特点和兴趣爱好设计教学内容,如何运用多种教学手段和方法提高学生的音乐素养。在李老师的引领下,我逐渐找到了教学的方向和方法。

学校为音乐教师提供了广阔的发展平台。2011 年,刚入职一年的我就开设了第一堂区级公开课。随后一次次高层次的观摩和亲身实践,让我的音乐教学水平得到了显著提升。我的音乐课堂变得更加生动有趣,我也成为学校音乐教师队伍中的佼佼者。

二、领导压担子,跟岗促成长

因为在教育教学方面取得了显著的成绩,我赢得了学校领导的充分信任和认可。领导"压担子"在我身上,让我开始接触学习学校管理工作。2013 年,我开始担任音乐教研组长和艺术辅导员一职;2016 年,担任学校儿童团辅导员;2020 年,担任学校综合教导员。初入行政岗位学习时,我面临着种种困难和挑战。从处理烦琐的事务到协调各方活动安排,从策划校园项目到管理教师队伍……在每一次身份的转变、任务的加压中,我逐渐成熟,找到了自己的成长方向。

在学校"GROW 成长项目"的引领下,在学校行政领导班子的指导下,我跟着一起完成了学校的各项活动和任务,比如在团队合作下举办了学校艺术节、迎新活动、六一儿童节活动等。在跟岗学习中,我学会了如何高效地处理行政事务。面对高强度、高密度的工作安排,我不再是手忙脚乱、无所适从,而是学会了制订合理的工作计划,分清轻重缓急,合理安排时间。通过不断地实践和总结,我逐渐提高了自己的工作效率和质量,为学校的高速运转、学生的健康快乐成长贡献了自己的力量。

回顾这段教师行政岗位的锻炼经历,我深感自己在这个过程中取得了极大的成长和进步。我不仅学会了如何处理复杂的行政事务,还提升了自己的沟通、协调和管理能力。更重要的是,我学会了如何以更加开放和包容的心态去面对挑战和困难,如何在压力下保持冷静和乐观,如何与他人合作共事、共同成长。

第三节 "绳韵"教育在发展中确立关键问题

从 2010 年开始,历时十多年,高境科创实验小学使花样跳绳从体育锻炼的本色跳绳,上升到了艺术欣赏的艺术跳绳,再到办学文化的"阳光绳韵"。用一根绳,架构了"绳韵"校本课程,形成了学校"绳韵"文化,走出了一条"绳韵"教育的特色创建之路,其间也让我们认清了必须解决的关键性问题,将其转化为任务来探索。

一、构建多元的"绳韵"校本课程

课程建设是教育教学工作的基础和核心,是提高教学质量、培养综合素质、促进教师专业发展、推动教育教学改革以及服务社会需求的重要保障。教育部办公厅印发的《基础教育课程教学改革深化行动方案》等相关文件,都强调了基础教育课程建设的重要性,并提出了推进基础教育课程改革的任务。

近几年,随着教育改革的深入,教育部对校本课程建设提出了更高的要求,校本课程建设的重要性及意义也日益凸显。校本课程作为国家课程的补充和国家课程校本化实施,是针对学校学生的实际情况和实际需要,旨在满足学生个性发展需要的课程,是具有学校特色的课程,能促进学校的特色发展。校本课程的开发需要教师具备较高的专业素养和课程开发能力,通过对校本课程的建设,教师的专业素养和课程开发能力将得到进一步提升,从而有利于提高教师的教育教学水平。校本课程的开发与实施需要学校加强教育教学改革,注重培养学生的创新精神和实践能力,从而有利于推动学校高质量发展。

校本课程建设是教育改革的重要组成部分,对于提高课程质量、促进教师专业素养、推动教育改革和素质教育实施、加强学校与社会联系等方面都具有重要意义。因此,高境科创实验小学注重校本课程建设,积极参与和推进校本课程开发与实施工作,为学生提供更加丰富、有意义的课程。

2014年起,学校在"绳舞飞扬"特色课程基础上,深入挖掘"绳"这一简单元素与生活、艺术、科学、健康、劳动、学习之间的紧密联系,致力于构建一个多元、全面的"绳韵"校本课程。

在课程研发过程中,我们以"学生健康快乐地成长"为核心,围绕"绳韵"主题,注重融合生活、科学、艺术、健康和阅读领域,形成了五大类校本课程,作为对国家课程的补充完善,是国家课程的地方化、校本化实施,体现了五育并举促进学生全面发展。

"绳韵"生活课程主要借助陶行知的生活教育理念,向学生传授中华民族的传统文化和工匠精神。通过讲述与绳子相关的道德故事,培养学生良好的行为规范、道德观念和社会责任感,培养学生的团队协作和集体荣誉感。

"绳韵"科学课程实施过程中,学校组织骨干教师成立了"绳STEM+"项目组,开发具有实践性、综合性、活动性的特色校本课程,使"绳STEM+"课程从学科课程向实践活动课程、从分科课程向综合课程转型,增强学生对科学知识的兴趣,还培养了学生的实践能力和科学思维。

"绳韵"艺术课程主要是探索绳子的各种艺术表现形式。学生可以在社团活动时间学习绳艺编织、绳子雕塑、绳艺装饰等,还可以学习与绳子相关的舞蹈、音乐等艺术形式,培养学生的审美意识和创造力。

"绳韵"健康课程主要是利用花样跳绳这一运动,提高学生的身体素质和协调能力,培养学生的运动习惯、健康生活方式、竞争意识和团队精神。这些活动有助于学生树立健康观念,养成终身锻炼的习惯。

"绳韵"阅读课程主要是围绕"经典诗词游园乐"课程,将经典诵读与少先队活动课、少先队主题集会、语文阅读课相结合,使学生在诵读中开发记忆潜能,陶冶情操。这些活动旨在提高学生的阅读能力、写作能力和批判性思维,可以更深入地了解这一元素的多元意义和文化内涵。在阅读过程中,学生潜移默化地弘扬中国优秀的传统文化,为健全人格的发展与良好的性情修养打好基础。

"绳韵"校本课程是对陶行知生活教育思想的深化与拓新。通过该课程体系的架构实践,我们对培养具有全面素质的学生,使他们能够更好地适应未来社会的需求和发展有了新认识。同时,这一课程也是对"五育并举"教育新要求的深入贯彻和实践。在未来的教育工作中,我们将继续完善"绳韵"校本课程,为学生提供更加优质的教育资源和多元化的学习体验。

二、提炼特有的"绳韵"文化精神

学校文化是一个复杂的系统,涵盖了学校的各个方面。一个积极向上、富有特色的学校文化,能够激励师生奋发向上、追求卓越,也能够提升学校的形象和品牌价值。因此,每个学校都会重视自身文化的建设和发展,努力营造一个良好的教育氛围和文化环境。

高境科创实验小学在深入推进花样跳绳体育项目的过程中,以花样跳绳带动校园文化建设,探索出一条具有学校特色的校园文化建设之路。

(一)挖掘"绳"的教育,着眼"阳光绳韵"

2010年10月,"绳"成了高境科创实验小学学生书包里的"标配",这是学生参加锻炼的"巧器械"。这小小的一根绳,放在书包里不占空间,不碍事。于是,学校全方位地开展了以"绳"为主要内容的教育活动,确立了"绳"在学校教育中的地位。随着花样跳绳项目活动蓬勃开展,花样跳绳逐渐成为全校师生喜闻乐见的体育特色运动。

学校致力于从"体锻绳"到"教育绳"的提升,以"绳"为载体,着力打造"有形"和"无形"两根绳。从花样跳绳运动文化中挖掘出"创新、合作、坚韧、快乐"的校风,凝聚、发展和提升师生的生命品质;提出将"阳光绳韵,引领师生健康快乐地成长"作为学校愿景。2014年10月,提炼出了"踏绳启程,载德远行"的校训和"以绳育人,文化立校"的学校核心价值观,丰富、深化、推动学校特色发展。

(二) 加大文化建设,彰显"绳韵"文化特色

2013 年 7 月,学校充分利用墙面、楼道、教室、网络等环境,整体规划和精心设计并制作出能体现"绳"文化特色的标识牌、宣传栏等,以提升文化品位。有绳的寄语、绳的发展史、花绳的创编、绳的种类、绳的童谣、绳结的介绍、绳与科学、绳与生活等内容丰富、形式多样的"绳"文化墙,以及"绳"文化长廊和"绳"文化网页。

2015 年 5 月,我们设计了与"绳韵"教育相匹配的学校 LOGO、学校吉祥物、校歌等标识,使师生耳熟能详,达到心领神会的教育成效。

2016 年 7 月,我们设计建造了适合学生探究活动的"绳秘园",让学生在"绳秘园"中通过探究活动,了解绳和跳绳的历史,诵读与绳有关的古诗词,知道中华文字的发展史。学生最喜欢的是在信息馆能看到我们学校"花样跳绳"的发展历程、比赛视频等。这样,在潜移默化中使学生能更直观地深入了解绳的发源、演变、功能以及创新,让学校环境渗透显性教育功能,达到润物无声的教育目的。

(三) 丰富文化内涵,让师生神采飞扬

创建特色项目,是优化学校管理、丰富学校内涵、提升学校文化品位的重要途径。高境科创实验小学提出的"阳光绳韵",有着自己的诠释:"阳光"——温暖、普惠、包容;"绳韵"——规矩、灵动、多姿;"阳光绳韵"是以绳为媒,以跳绳运动为品牌项目,凝练体育精神,进一步辐射到教育教学管理,走出一条特色办学之路。

2023 年,义务教育的"双新"开始实施,对学校教育是又一次意义重大的变革,新的教育发展形势意味着教师中心必须向学生中心转变。学校于是在"绳舞飞扬"校本课程的基础上,继续围绕花样跳绳做文章,进一步充实校本课程的研发,形成丰富的"绳韵"课程群文化资源;进一步拓展跳绳文化,研究绳与科学、绳与健康、绳与艺术、绳与学习、绳与生活、绳与劳动、绳与法治等内容之间

的关系,提出了"花样跳绳奠人生之基,阳光绳韵引成长之向",形成了学生发展实践模式,实施生活化教育。

文化之"绳",是以"绳"作为源头,充分挖掘"绳"的深厚资源,并赋予文化的内涵,使之从"绳韵"到"艺韵"。

教育之"绳",是以"绳"作为载体,充分发挥"绳"的本体作用,并赋予教育的元素,使之从"绳韵"到"神韵"。

人生之"绳",是以"绳"作为利器,充分展现"绳"的生命价值,并赋予人生的意义,使之从"绳韵"到"福韵"。

释放教育的活力,展现文化的深度,衡量人生的价值,"阳光绳韵"就这样且行且发展。通过"阳光绳韵",校园特色文化溶入师生的血液,成为师生的自觉言行,凝成特有的气质,打造学校特色,让师生神采飞扬!

就这样,"绳"在高境科创实验小学有着特殊的地位、特指的定位和特殊的作用,正在展开从"体锻绳"到"教育绳"的盛大演绎,走出了一条"以绳育德、以绳增智、以绳健体、以绳审美、以绳聚心"的特色办学之路。

高境科创实验小学用颇传统、能普及的体育活动项目,以一根绳为切入点,在实践过程中从管理入手,构建"绳韵"校本课程,形成"绳韵"文化,促进了学校发展。

锚定目标不放松,高境科创实验小学通过花样跳绳这个体育项目,增强了学生体质,坚定了学生的意志力,培养了学生的自信心,增强了学生的荣誉感。由于师生的坚持,学校氛围热辣滚烫。锚定目标,使学生对学习有了更强的坚韧性;体质增强,使学生有更多的精力投入校园学习生活。

第三章

"绳韵"教育文化的多元意蕴

"用文化的方式发展有灵魂的教育"一度是宝山教育发展战略。对文化的理解具有多元性，可以指一个族群、一个组织共享的价值理念、思维方式和行为准则。一所学校的文化是在长期发展过程中积淀的，教师与学生共同持有的教育价值观、教育理念、教育行为准则、管理机制以及在此基础上形成的学校教育氛围与形象，主要由教育精神文化、教育制度文化和教育物质文化组成。

　　学校文化是学校发展的高境界，也是学校发展的必然结果。美国著名心理学家、教育家布鲁纳曾指出，"学校不是孤岛，而是整个文化大陆的组成部分"，学校教育的功能是"将年轻人导入文化的规范之道"，并提出教育文化的核心是要回答教育的功能、教育的本质要求和内容。中国人民大学石伟教授把组织文化的功能归纳为"外塑形象，内塑人"。广州大学谢翌教授认为，学校文化是可以改变的，学校文化是学校改革的发动机，要想成为优质学校，必须重新建构学校文化。①

　　基于以上思考和学校实际，经过多年的实践和积淀，高境科创实验小学建构了"绳韵"教育文化。

---

　　①　谢翌.教师信念:学校教育中的"幽灵"———一所普通中学的个案研究[D].长春:东北师范大学，2006.

第一节 "以绳育人"的办学价值体系

"绳韵"育人文化的内核就是学校的精神文化,也就是高境科创实验小学的办学价值体系,包括学校办学理念、发展愿景、培养目标、教育行为准则等。它影响和制约着学校制度文化、物质文化,影响和制约着教职工的思维方式和教育行为,也规约激励着学生学习。

一、"绳韵"教育办学理念的形成

学校的办学理念是学校在教育活动中所遵循的基本信念和价值追求,它反映了学校的教育思想、教育目标和教育方式。每个学校都可能有自己独特的办学理念,这些理念通常体现在学校的校训、教育目标、教学方法、师生关系等方面。

我们围绕"绳韵"教育,针对学校实际情况形成了以下办学理念,并彰显其文化意涵。

学校愿景——阳光绳韵,引领师生健康快乐地成长。以人为本,回归教育的本原,以跳绳运动为基点,带动学校德育、智育、体育、美育和劳动教育发展,培养学生核心素养,激励教师专业成长,帮助每个学生健康、快乐地成长。

学生培养目标——五育并举,以"花样跳绳奠人生之基,科创教育突思维之规,阳光绳韵引成长之向"为学生发展内涵,把学生培养成"善于运动者、创新合作者、责任担当者、阳光生活者"。

教师发展目标——朴实的品质、敬业的精神、典雅的风度、严谨的教学。

学校发展策略——以绳育人,文化立校;科创浸润,全面发展。

学校行动准则——依靠教师,爱护每一个学生,尊重每一个家长,教学做合一。

校训——踏绳启程,载德远行。

校风——创新、合作、坚韧、快乐。

教风——敬业、严谨、博学、珍爱。

学风——乐学、善思、勤勉、睿智。

从 2010 年到现在,高境科创实验小学的"绳韵"教育走过了十多年的发展历程。其间,学校不断挖掘"绳"的内涵和精神价值,逐步形成了独特的学校价值体系,形成了自己的办学特色。学校开展"绳韵"教育,践行"健康第一,终身体育"的指导思想,切实加强体育工作,使学生掌握基本的运动技能,养成坚持锻炼身体的良好习惯,将"阳光绳韵,引领师生健康快乐地成长"作为全校师生共同的价值理念。

"绳韵"教育的核心理念是"以绳育人,奠基学生幸福能力,帮助学生生动、活泼、和谐、有个性地发展",它已融入学校工作的方方面面,成为学校教育教学的最高目标和宗旨。为了提高辨识度和影响力,我们设计了与"绳韵"教育相匹配的学校 LOGO、吉祥物、校歌等标识,使师生耳熟能详,达到心领神会的教育成效。

二、"绳韵"教育环境氛围的营造

营造具有特色的校园环境是提升学校教育品质和学生体验的重要方面。一个有特色的校园环境可以反映学校的价值观、文化和教学理念,同时也能够激发学生的归属感、创造力和学习兴趣。

在"健康中国"战略指引下,校园体育文化建设被赋予了更为具体的任务,对于提高学生的身体素质,培养学生的健康生活方式具有重要意义。花样跳绳作为一种具有中国特色的传统体育项目,不仅具有广泛的群众基础,而且具有独特的文化内涵和教育价值。我们营造浓厚的花样跳绳校园文化氛围,注重将花样跳绳元素融入其中,凸显校园环境的显性教育功能。

在校园的文化装饰上,充分利用校园角、长廊、墙面、楼道、教室等校园环境。我们设计了富有学校特色的"绳展板",通过悬挂宣传画、设置展示牌、建设主题墙等形式,传播花样跳绳的历史渊源、发展历程、文化内涵、运动技巧等方面的知识,展现学生在跳绳比赛中的各种精彩瞬间与取得荣誉后灿烂自信的笑容。这些"绳"文化布置,不仅美化了校园环境,也让学生在日常行走间就能感受到跳绳文化的魅力。

为了激励学生积极参与跳绳活动,我们在体育馆旁设立了一间多媒体展厅,专门用于展示在各类跳绳比赛中取得优异成绩的学生照片和荣誉证书以及他们的比赛视频。场馆内还展示了曾多次在"30 秒速度赛"中打破吉尼斯世界纪录的"大黄金"组合的手模与脚模。学校定期更新展示墙的内容,让更多的学生有机会展示自己的风采。这种荣誉展示不仅让学生感受到了成功的喜悦,还激发了他们继续努力的动力。

我们通过"绳秘园"探究、"绳 STEM＋"课程、"绳艺坊"活动、"绳环境"布置、"绳文创"推进等来传播健康、创新、协作的校园文化,反映学校团体凝聚力和向心力,形成学校文化品牌。学生通过"绳秘园"探究之旅,潜移默化地接受"绳韵"教育,达到润物无声的教育目的。

在"健康中国"的大背景下,营造花样跳绳校园文化氛围具有重要意义。学校应该充分利用校园环境等资源,加强花样跳绳运动的推广和普及工作,注重运动的创新和发展,凸显学校环境的显性教育功能。通过营造浓厚的花样跳绳校园文化氛围,可以有效地引导学生积极参与体育运动,促进学生的身心健康,为培养德智体美劳全面发展的优秀人才作出积极贡献。

总之,学校文化是一所学校的宝贵财富,它不仅体现了学校的精神风貌和文化底蕴,还能够对学生的成长和发展产生深远的影响。因此,我们应该重视学校文化的建设和发展,使其成为学生成长成才的重要支撑。

第二节 "绳韵"教育的管理与制度文化

制度是在一定历史条件下形成的、要求一定范围的成员共同遵守的、按照一定程序办事的规程和行动准则,以及由此形成的社会活动体系和体制。制度文化就是体现核心价值观的制度在运行一段时间后成为人们行事规矩和组织习惯以及由此产生的效用。"虽然制度是在观念指导下建立的,可是一旦建立,制度比观念更有力量。""绳韵"教育的制度文化就是学校依据"绳韵"教育的核心价值观制定的制度、规章,是被学校成员认可而形成的学校办事规程、活动习俗和舆论标准。

一、学校办学章程为"绳韵"教育保驾护航

章程是学校组织结构、管理运行的基本准则,是一个学校最基本、最重要的制度。学校在充分研究的基础上,于 2015 年由教职工代表大会通过了《上海市宝山区高境科创实验小学章程》(以下简称《章程》)。《章程》指出:"学校的党组织是中共上海市宝山区高境科创实验小学支部委员会,全面领导学校工作,充分发挥党组织政治核心作用、战斗堡垒作用、监督保障作用。学校认真落实全面从严治党要求,加强党组织建设,保障正确办校方向。"《章程》第五条规定"实施小学义务教育,促进基础教育发展,贯彻党的教育方针,努力培养德智体美劳全面发展的合格毕业生"。第七条规定"学校发展目标:以'绳韵'教育为抓手,通过数字化校园建设,不断提高办学的质量和声誉,建成在全国有一定影响力的老百姓满意的家门口的上海市新优质学校"。第八条规定"学校核心价值观:阳光绳韵,引领师生健康快乐地成长"。第十条规定"学校文化:以绳育德,以绳增智,以绳健体,以绳审美,以绳聚心"。《章程》还对学校校徽、学校校旗、学校校歌等作了规定和解释。

当然《章程》也对学校的治理结构、管理体制、教师与学生权益、学校与家庭合作等作了合理规定与说明,为"绳韵"教育实施保驾护航。

二、学校教育教学制度渗透"绳韵"教育精神

高境科创实验小学的教育教学管理制度,以"立德树人,培养德智体美劳全面发展的社会主义建设者和接班人"为根本,渗透"绳韵"教育的精神,致力于实施素质教育,培植学校"阳光绳韵"特色。具体条目和内容一部分来自

《章程》,如《章程》第四十二条规定"学校坚持育人为本,德育为先,建立健全德育工作体系,充分发挥全体教职工的育人作用,深化课程育人、文化育人、活动育人、实践育人、管理育人、协同育人,塑造学生良好的道德品质,关注学生心理健康教育,形成全员、全过程、全方位育人格局"。《章程》第四十三条要求"学校建立健全年级组、教研组、备课组等教育教学基层管理机制,学校按照减轻学生负担、提高教学质量的要求,从备课、上课、作业、辅导、考试、评价等环节入手,加强课程教学全过程管理,形成课程教学质量保障体系和质量评估体系"。年级组长负责本年级的德育、教学工作,统筹教师分工与管理、年级教育活动、学生管理工作等。教研组长负责领导、组织教师进行集体教学研究。学校加强教研结合的校本研修,提高教育科研管理水平,健全教学研究制度和促进教学改革制度,提升教师的业务水平、教学能力,推动教学改革,提高课程教学质量。另一部分是一些针对性、实操性的管理制度,如《高境科创实验小学落实"五项管理"工作实施方案》《高境科创实验小学校本课程建设制度》《高境科创实验小学校本课程教研制度》《高境科创实验小学"减负增效"实施制度》。

三、学校教师管理制度促进教师专业发展

教师的质量决定着学校教育的质量。为了推动"绳韵"教育实施,建设学校"绳韵"教育文化,一方面学校通过《章程》规定教师的权利和义务,实施民主管理,赋予教代会最高决策权,让教师充分参与学校管理,以保障教师专业发展的权利;另一方面,高境科创实验小学也制定并执行了一系列旨在调动教师工作积极性、促进教师专业发展的教师管理制度,如《高境科创实验小学绩效工资实施方案》《高境科创实验小学师德师风考核条例》等。该条例规定,教师"潜心教书育人""关心爱护学生",勤勉敬业、言行雅正、公平诚信、廉洁自律,更能体现朴实的品质、敬业的精神、典雅的风度、严谨的教学等教师发展理念。

案例

不识"记忆"真面目，只缘身在"记字"中

高境科创实验小学　施　慧

小学低年级阶段的学生在入学前接触过汉字，他们往往对识字的学习兴趣很大，又具有很强的好奇心。但令人担忧的是，由于他们处于6—7周岁的年龄，注意力持续时间较短，没法记忆所学的字词，容易遗忘已学知识。不过好在他们比较活泼，乐于配合教师进行课堂活动，愿意开展识字练习。

"识字教学要将儿童熟识的语言因素作为主要材料，同时充分利用儿童的生活经验，注重教给识字方法，力求识用结合。"而记忆力的训练在小学低年级语文教学中占有特殊重要的地位。从传授知识这个角度来说，小学低年级语文课传授的主要是拼音、识字、看图说话和写话、阅读等基本知识，这些都是少年儿童今后学习、工作的基础。因此，教师就要想方设法使学生增强记忆力，以便运用"记忆"这个手段去掌握新的知识，而不是机械地让学生去死记硬背。

故笔者在小学低年级语文教学中，一向非常注意训练和培养学生的记忆功能，注意采取相应的教学方式，指导学生掌握记忆方法，使他们在理解的基础上记忆，学会把理解记忆与机械记忆结合起来，养成边识边巩固、边阅读边理解、边在记忆中再现知识的习惯。

本学期，笔者接触了一群从幼儿园刚进入小学的小学生。针对统编版教材一年级第一学期第3—4单元的词语表，笔者在班级中开展了一次词语大比拼，结果见下表。

性别	人数	优秀	良好	合格	须努力
男	16	3	4	8	1
女	18	5	7	6	0

从上表可以看出，学生成绩等第普遍集中在合格，其次分布在良好，而优秀

分布率略低于良好,另有一男生处于须努力状态。从优良率人数比重来看,笔者班级的女生成绩等第较之男生略好,可见记忆能力略胜男生一筹。鉴于良好以下的学生还占据相当的比例,可见提升小学一年级学生识字记忆能力迫在眉睫。

回顾笔者的课堂,不乏充斥着机械记忆,盲目扩大识字,采取简单、机械的抄写方法,让学生脱离语境、枯燥乏味地记忆字词。6—7周岁的儿童正处于大脑注意力不易集中的年龄,盲目地抄写,本质上忽略了学生对该字的理解与出错的原因分析,使得学生的识字记忆处于缓慢后退的状态。

为了更好地提升本班学生的记忆力,笔者采用了"亦生亦师,教学做合一"的语文教学模式,通过在做中教,充分调动学生的学习兴趣;在做中学,组织学习竞赛,激发识字斗志;在学中悟,习得识字方法,丰富知识积累,从而让更多的良好以下的学生能进入优良的行列,最终达到"亦生亦师,师生共赢"的教学目标。

山重水复疑无路,"教学做合一"达彼岸

"教学做合一"是指"教"和"学"都要与"做"联系起来,"学"要"做"中学,"教"要从"做"中教,三者应统一与同步。陶行知先生指出:"教的法子要根据学的法子。"这充分说明了"以学定教"的内涵。即在教学过程中,教师要先了解学情,根据学生的个性特点与认知状态,贴近学生的实际发展区来制定教学策略和方法。在此过程中,"做"是全程重点,教师要围绕学生实际,满足学生的需要,积极引导学生主动建构知识体系,努力使"教"构筑于"学"之上,使"教"和"学"构筑于"做"之上,最终达到"亦生亦师,师生共赢"。运用"教学做合一"思想提升小学一年级学生识字记忆能力,笔者提出如下几种思路。

一、在做中教,营造良好氛围,调动学习兴趣

一个良好的课堂氛围能够让学生融入课堂教学之中。学生往往对所学习的内容是有盲区的,毕竟他们阅历少、经验少,有时对教师的一些讲解会表示不能理解,这样也不利于教学的顺利进行。那这时,教师就可以通过一定的教学手段和教学方法,营造让师生积极学习相处、和谐愉悦的课堂状态。在平日的

教学中,笔者会借用故事、创设情境等方式,营造出既活泼又生动的课堂氛围,调动学生识字的兴趣,让他们既能认真思考又没有心理压力,在轻松愉悦的氛围中主动完成学习任务。

1. 借用故事,调动识字兴趣

低年级学生年龄小,他们特别爱听故事,还爱讲故事。在识字教学中充分利用学生的这些心理特点,鼓励学生根据自己的能力学习掌握一些词语,并在讲故事时练习使用。教师也可以随手把一些学生比较熟悉,字形又不怎么复杂的词语写在黑板上,对一些同音字、形近字还适时适度地作一些比较。如笔者在教完《比尾巴》时,把"巴"和"把"写在黑板上,再给学生看一个故事,提醒他们注意看故事中有没有这两个学过的生字,它们在故事中组成了什么新词,看到后把它告诉同学或老师。这种看似无意实为有意的做法,收到了非常好的效果。学生在无意中复习巩固了学过的生字,而且又在新的语言环境中学会使用这些生字,收到了温故而知新的效果。

2. 创设情境,引导无痕识字

在识字教学中,通过简笔画、动作、语言等,创设情境,使汉字与事物形象地联系起来,能有效地提高识字效率。如教"哭"字时,发现学生比较容易漏写一点,这时,教师可以出示一幅小妹妹哭的图画,让学生用简笔画画出她哭的样子,再让学生说出"哭"怎么记。学生联系到"哭"会流泪,这样,学生写"哭"字时,就会想到这滴眼泪,就不会漏写这一点了。又如教"跑""跳"等字时,可让学生做做这些动作,体会这些字的部首与意思的关系,从而加深印象,记住这些字的字形。

二、在做中学,组织学习竞赛,激发识字斗志

1. 引入游戏,燃起识字热情

兴趣是激发儿童从事学习的动力。游戏是儿童喜闻乐见的形式,儿童喜欢模仿,喜欢表现。游戏能激发学生学习抽象文字符号的兴趣,如猜字谜、找朋友、摘苹果、风车转转等。将这些游戏引入课堂,课堂便会成为学生学习的乐园。学生在课堂上感受到了游戏的乐趣,对识字就会兴趣盎然。

如学生在学《小小的船》时,在复习字词部分,学生一个个背起小箩筐,一起去玩摘苹果的游戏。游戏规则是如果学生发现会读这些字词,就把苹果摘到自己的小箩筐里。最后通过比一比、赛一赛,看哪位学生摘的苹果数量最多。通过此游戏,学生的思想更集中,变得更睿智,在轻松愉快的氛围中学到新知识,燃起对识字的热情。

2. 组织比赛,激发识字斗志

小学生好胜心强,一提起比赛,他们就来劲了,所以在识字时,穿插一些比赛,能提高教学效果。如学生在学《大小多少》时,运用开火车比赛,教了生字"少"后,开两列火车比赛,看哪组学生读得又快又准,就评出哪列火车开得又快又好;又如组词比赛,教了生字"头",让学生口头组词,看谁组的词多;再如说话比赛,让学生用当堂学到的词语进行口语表达,看谁的运用能力更强。这些比赛,既能激起学生的学习兴趣,又能培养学生的口头表达能力,相得益彰。

三、在学中悟,习得识字方法,丰富知识积累

1. 运用方法,学会自主识字

在课堂上,学生渐渐能够熟练地运用已经掌握的各种方法来自主识字了,如"编顺口溜、猜字谜、找反义词、换一换、加一加、减一减"等。在学《金木水火土》中,学生在学习生字"金"时,他们会说"完全"的"全"字加上点和撇就是"金"。这种"加一加"的方法,就是他们联系已有知识、联系生活经验进行识字,成为学生识字的一大良方。

巧妙的学习方式,解决了识字教学枯燥无味的问题。通过转换学习角度,降低了识字难度,减轻了学生的负担。在丰富多彩的识字方法的熏陶下,学生感受到学习汉字的乐趣,感受祖国语言文字的无限魅力,会越来越喜欢汉字,并能逐渐养成自主识字的习惯,进而提高了独自识字的能力,为以后的语言文字知识、能力的发展打下坚实的基础。

2. 联系生活,丰富知识积累

理论上的丰富语文知识体系是指以语文课堂教学为核心,将语文资源的获取途径不断延伸至生活中,包括学校生活、家庭生活、社会生活,将整个社会都

视作语文教育的一个空间,通过任何一个途径都可以提高学生的语文素养。在教学实践中,我们发现将源于生活周遭的素材融入语文教学,更能调动学生的积极性,他们对问题的思考探究欲望更强烈。

学生为了丰富知识积累,会自主地去生活中识字。有的学生反馈是在乘轨道交通时,听到广播报站后,无意识地就认识了一些站名;有的学生反馈是在看电视时,通过字幕,习得了很多新字;甚至有的学生反馈在吃零食的时候,通过阅读反面的配料表,请教家长,积累了很多书本上还没教的新字……因此,从另一角度看,"教学做合一"就是生活教育,是对生活教育的贯彻与落实。

宝剑锋从磨砺出,"教学做合一"显神威

经过近一个学期的修正学习,针对统编版教材一年级第二学期第7—8单元的词语表,笔者在班级中又开展了一次词语大比拼。此次词语大比拼与之前一年级第一学期第3—4单元相比较,题量持平,难度略有所上升。本次词语大比拼结果见下表。

性别	人数	优秀	良好	合格	须努力
男	16	10	4	2	0
女	18	12	5	1	0

通过半个多学期的实践,对比上次第3—4单元的词语大比拼,本次词语大比拼在内容难度上相对上次有所上升,但我们发现:学生优秀率提升格外显著,学生良好率略有进步,甚至剔除了须努力的学生,实属不易。

在运用"教学做合一"思想提升小学一年级学生识字记忆能力的实践中,笔者发现:只要教学得法,那么每个学生都是可塑的。这次实践中,进步尤为显著的是男生,他们的记忆能力提到了提升,字词积累得到了突破,从上表中可以清晰地看出,优档人数基本是和女生持平。我们也不难发现,极少数的男生还处在合格边缘,进步不显著,存在着对字词认知的困难,还需要笔者在下一阶段的教学中,根据记忆曲线对他们加强识字学习方法的指导。那么绝大部分的学生

为何进步如此之大？笔者总结归纳为以下两点。

第一，始于好奇，终于兴趣。

少年儿童往往都有一种好奇的心理，当他们听到未曾听过的声音和看到未曾看过的事物或现象时，就很想知道它，此时他们就会产生一种想知道的好奇心，但这种好奇心是初级的。

孔子说："知之者不如好之者，好之者不如乐之者。"对学习材料和要记的东西本身的直接兴趣是推动人们进行有效记忆的内在动力。当人兴致勃勃、津津有味地向往于吸引自己的事物时，大脑就进入高度兴奋状态，且不容易出现疲劳和兴奋的转移。

通过记忆力的提升训练，原本死气沉沉的课堂变得明朗很多，原本呆滞的眼神变得清澈明媚，原本枯燥乏味的课堂变得生动活泼。笔者就是充分改善了课堂结构，让更多的学生参与活动，引起他们的注意，通过采取愉快教学法、情境教学法等新的课堂教学模式来集中学生的注意力，提高学生的识字热情。

笔者进行持之以恒的教学实践，让学生对识字学习原本只是揣着一颗好奇心，逐渐转化为一种兴趣，最终养成了识字习惯。此为学生的一大收获。

第二，始于接受，终于自主。

"教学做合一"不是完全否定接受式的学习方式，而是强调要改变过去的那种"过于强调接受学习"的倾向，倡导学生学会自主学习。自主学习在改善课堂气氛，帮助学生形成良好的品质等方面产生了很好的效果。

新课标强调，语文课程要加强综合性，沟通与其他学科之间的联系，沟通与生活的联系，在语文课程中学到其他方面的知识和方法，在其他课程、其他场合中也可以学到语文，拓宽学语文用语文的天地。而"教学做合一"的核心前提也是学生的实际生活。毕竟对于低年级学生来说，他们生活经验少，感性思维浓厚。如果单纯说教，或者过于抽象，则不仅会给学生的理解带来困难，而且还会增加他们的学习负担。

笔者积极整合学生生活资源，并且有机地引入课堂，借助其经验走进课本，走进学习，鼓励学生走出课堂，在生活中识字，翻阅食品的配料表或者指示路牌进行记忆力的提升。对那些比较容易忽视和混淆的字词,学生会自己编成简短的顺口溜进行记忆。自主学习成为笔者班级的风向标,学生因此养成了识字习惯。此为学生的又一大收获。

总而言之,"教学做合一"对于提升小学一年级学生识字记忆能力具有明显的指导作用。为了学生有良好的记忆品质,彻底抛掉死记硬背的包袱,每一位语文教师都需要用科学的方法帮助学生一起提高记忆力,从而提高学生的成绩,真正达到"亦生亦师,师生共赢"的最终目的。

四、学校体育管理促使学生锻炼落到实处

为贯彻执行国家、上海市有关青少年体育锻炼的要求,推动学校跳绳运动发展,学校制定了《开展"每天锻炼一小时"活动计划与方案》。根据上级文件精神,学校开展"每天锻炼一小时"活动,结合开展"阳光体育"活动,使学生都能做到每天锻炼一小时,100%的学生能全面实施《国家学生体质健康标准》,98%以上的学生达到《国家学生体质健康标准》及格等级以上,使学生在毕业前至少掌握两项日常体育锻炼的技能,形成良好的体育锻炼习惯,体质健康水平切实得到提高。具体有以下五项措施。

(一)加强学习,提高认识

学校定期召开领导小组工作会议,组织全校教职工学习,深刻领会活动精神,充分认识到实施素质教育和全民健身运动是全面建成小康社会,构建和谐社会的必然要求。学校各部门要密切配合,齐抓共管,共同做好开展"每天锻炼一小时"活动的组织工作。

(二)确保活动时间

学校切实保证每个年级学生的"五课两操两活动",即每周每班安排有 5 节体育课、2 节体育活动课,每天安排做广播操 1 遍、室内操 1 次,每天做 2 次眼保健操。

（三）确保活动质量

在开足开齐体育课和活动课的前提下,体育组教师要积极推广应用新教材,以学生发展为本,认真上好每一节体育课;继续深化体育教学的改革与实践,充分调动学生学习与锻炼身体的积极性;教会学生基本的体育知识和技能,养成经常锻炼的良好习惯,为终身锻炼打下扎实的基础。

（四）确保经费投入

开展"每天锻炼一小时"活动,势必要添置一定的体育器材,学校按照《学校体育工作条例》的规定,确保满足正常的"一小时活动"对体育器材的需求。

（五）确保活动安全

加强安全教育,按学校原有的安全预案制定安全措施、应急措施和防范措施,在体育组和卫生室的共同配合下,避免和防止意外事故的发生。

第三节 "绳韵"教育文化的延展

"绳",音近"神"。在我们国家,绳一直与传统文化、工艺、美好生活联系在一起。在高境科创实验小学,由绳而兴的"绳韵"教育,实际上也是与"神韵"教育紧密联系在一起的,在某种程度上,"绳韵"教育就是"神韵"教育。也就是说,高境科创实验小学所追求的教育,不是动物训练、机械教育,更不是分数教育,而是人的教育,是完人的教育,是强调理想、道德、人格的教育,是德智体美劳全面发展的教育。"绳韵"教育文化造就了一批又一批阳光少年,成就了一个又一个具有教育家情怀的教师,练就了学校教育可持续发展的实力。

一、"绳韵"教育文化培养学生健康积极的人格

花样跳绳具有多人、多绳、多技术动作融合等多元化的技术特点,传统文化基因与现代文化基因的交融、外部身体活动与内在心理活动的交互等多元化功

能,对学生健康人格的形成、发展起着调节、监控和矫正的作用。实践证明,以花样跳绳为有效载体,渗透其育人功能,可以促进学生对自己身心状态的认识,使学生在健身娱乐中认识自我,调动了主观能动性,促使学生多方面的个性和潜能得到充分发展;还可以培养学生坦然面对挫折与困难的勇气,懂得自我控制、快速调整自己的情绪,学会持之以恒,不断超越自我,形成健康积极的人格。

2016年8月,习近平总书记在全国卫生与健康大会上发表重要讲话时强调,要重视少年儿童健康,全面加强幼儿园、中小学的卫生与健康工作,加强健康知识宣传力度。建立健全健康教育体系,可以"将健康融入所有政策"。

《"健康中国2030"规划纲要》第六章第四节提出"基本实现青少年熟练掌握1项以上体育运动技能"的清晰可量化目标。学生从小学到高中将有12年的体育课堂学习,但多数学生运动技能的掌握情况不佳,除了基本的身体活动外,还达不到熟练掌握一项以上体育运动技能的程度。小学阶段是潜在人格魅力形成的关键期。高境科创实验小学作为一所全国体育工作示范校,自2010年与绳结缘后,学校围绕花样跳绳这一特色项目,进行了花样跳绳对小学生潜在人格的形成与培养的实践研究。

体育活动是青少年健全健康人格的重要教育载体,尤其是青少年儿童积极主动参与各种游戏和体育竞赛时。游戏和体育竞赛也是青少年儿童体验世界的另外一种方式。合理安排小学生的课外活动,充分发挥组织作用,对于儿童展现才能,形成健全的健康人格有重要的影响作用。

花样跳绳运动是在中华民族传统体育精华与现代表演项目有机结合的基础上发展而来的,因其花样繁多而引人关注,融合了舞蹈、体操、武术、杂技、音乐等诸多现代元素,使这项简便易行的传统运动能发挥健身、健心、健脑的独特作用。教师在教学时根据学生对花样跳绳动作的掌握情况,及时调整教学内容,选择适合学生学习的难度,并通过教师评价、学生自评、互评等多元评价方式,激发学生学习的积极性,提升花样跳绳技能,促进学生健康人格的形成。

二、"绳韵"教育文化成就学生人生的"神韵"

跳绳运动在我国已有数千年的历史,是一项民间喜闻乐见的健身活动,一直受到人们,特别是小朋友们的喜爱。它具有较强的健身娱乐功能,能有效地增强人们的体质,丰富人们的业余文化生活。近年来,我国传统的跳绳注意融合现代元素,成为新兴体育运动项目。开展跳绳运动能很好地将这项民间的传统体育运动传承下去。以花样跳绳的形式作为阳光体育的一项创新运动,在广大中小学进行推广,更具有趣味性强、简单易学、不受场地限制等特点,是一项适合普及的群众体育运动,既能提高学生的学习积极性,又能培养他们的团队合作精神。学生在这项运动中能充分发挥自主能动性、创造思维和创造能力,并促进智力、技能和技术的全面发展,真正体现在玩中学、学中玩。

经过十多年的实践探索,我们感到花样跳绳对于提高学生的体质和健康水平,促进学生全面和谐发展,具有重要作用。花样跳绳能让每一位学生有机会展示自我,也能为不同层次的学生搭建展示的平台。学生在运动场上的表现力和自信心还能逐渐迁移到学习中,能较好地促进学习力的提升。花样跳绳运动对于提高教师的课程开发能力和促进专业发展也有着重要意义。教师在设计和实施校本课程中能始终围绕"以学生为本"的理念,使学生在最大限度上参与体育活动,同时也使自身得到充分锻炼,增强了专业水平和业务能力的发展。

花样跳绳体育项目的建设,无疑为创建办学特色提供了一条可探索的道路。以花样跳绳带动校园文化建设已成为高境科创实验小学全体师生的共识。学校在深入推进花样跳绳体育项目的过程中,积极探索出一条具有本校特色的校园文化建设途径,从而提升学校的办学水平,培养教师的专业素养,促进学生的多元发展,丰富校园文化的内涵。

学校充分发挥"绳"的本体作用,赋予其教育的元素与文化的内涵,成为学生心中的"万能绳",成就学生人生的"神韵"。

学生心语

花样跳绳,让我懂得了坚持。

——华欣岚

跳绳与快乐、智慧、健康等紧密相连,我一天都离不开它。

——董　浩

我爱花样跳绳,花样跳绳能给我带来无穷的快乐!

——刘依欣

在学会一个动作之后,就会获得无限的喜悦,给同学表演时,只听得一阵阵喝彩,心里别提有多高兴了,真可谓累并快乐着!

——林欣怡

在花样跳绳训练中,我坚定了自己的信念:做任何事情都要坚持、坚持、再坚持,千万不能半途而废。

——周遇梁

第四章

"绳韵"教育活动打造活力校园

高境科创实验小学的学生在书包里必有"标配"——一根绳，它是学生运动锻炼的"巧器械"。

小小的一根绳似乎不起眼，学校选择绳，让学生每天带着使用，却有着对教育内涵的追寻。

这根"绳"还真的不简单：它是早锻炼的"资格绳"，广播操或课间大休息时，拿出一根绳，便能参与跳绳运动或做自编绳操；是交流活动的"友谊绳"，每年邀请世界顶级花样跳绳高手走进校园，手中的"绳"便成为交流的工具；是竞技活动的"比赛绳"，跳起一根绳，每年要参加国内及国际组织的各级各类绳比赛活动；是走向社区的"标志绳"，走进社区，传播跳绳运动，让更多社区居民了解跳绳，营造广场跳绳或者社区跳绳的文化氛围。

这就为"绳韵"教育的项目化活动营造了一个大开放格局，从校园走向了更多元的功能空间，也为校园的"绳韵"活动注入多元活力。

第一节 五彩绳结考段:人人收获成功

"五彩绳结"作为一种古老而独特的传统手工艺,蕴含着丰富的民族历史的文化内涵,也是值得我们传承和发扬的。为此,学校设计了以"段位制"评价为基础的"考段"方案,形成激励机制,意在通过"考段"活动,让学生通过不断学习与实践,按"段位"要求逐渐提高自己的绳结技艺,并通过考段获得相应的认证。这既是对他们努力的肯定,也是对他们技能的认可。

一、五彩绳结段位制评价标准

对于"五彩绳结"的段位制评价方案设计,高境科创实验小学注意融合体育教学理论,基于花样跳绳课程目标,注重以个人花样、车轮跳、技巧和交互绳为考核内容,以颜色为段位标志。五彩绳结段位制考段模式,按"黄、蓝、橙、红、紫"五色段级,引导、激励和促进学生体能与品德的发展,通过定量与定性相结合的评价方式,形成了客观性和层次性并存的科学评价标准,提升学生兴趣与技能(见表4-1-1)。

表4-1-1 五彩绳结段位制考核与晋升评价标准

技术段位	体能达标		技能评价			
	单摇(个/30秒)	双摇(个/30秒)	个人花样	车轮跳	技巧	交互绳
黄段	70	—	开合跳、弓步跳、提膝跳、踢腿跳、交叉步跳、脚跟跳			

（续表）

技术段位	体能达标		技能评价			
	单摇（个/30秒）	双摇（个/30秒）	个人花样	车轮跳	技巧	交互绳
蓝段	80	10	开合跳、弓步跳、提膝跳、踢腿跳、交叉步跳、脚跟跳	同步直摇	钓鱼	
橙段	90	15	开合跳、弓步跳、提膝跳、提膝侧点跳、踢腿跳、交叉步跳、脚跟跳、前后打、侧甩跳、转身跳	车轮基本跳	钓鱼、金丝缠腕	交互绳并腿跳
红段	100	25	开合跳、弓步跳、提膝跳、提膝侧点跳、踢腿跳、交叉步跳、前后打、侧甩绳跳、转身跳、敬礼打、敬礼跳	车轮基本跳、转身跳	钓鱼、金丝缠腕	交互绳双脚轮换跳
紫段	110	30	开合跳、弓步跳、提膝跳、提膝侧点跳、踢腿跳、交叉步跳、前后打、侧甩绳跳、转身跳、敬礼打、敬礼跳、胯下A/B跳、快花、俯卧撑跳	车轮基本跳、转身跳、换位跳、挽花跳	钓鱼、金丝缠腕、金蝉脱壳	交互绳＋步伐跳组合
考核标准及方法	体能达标		单摇动作为双脚轮换跳，30秒内完成各段位对应的单摇和双摇个数，即算通过考核			
	技能评价		根据各段位对应的花样跳技能，动作规范、姿势优美，节奏清晰地、零失误地做出两个八拍，即通过考核			
	备注：学生可以依据自身的能力选择每段中的一个或几个项目进行逐项考核，考核时教师如实记录学生考核通过的项目，对于未通过项目给予技能指导与语言鼓励，培养学生继续挑战的自信心与不怕吃苦、勤于锻炼的坚持不懈精神；每段位的考核成绩有效期为一学年					

　　学校遵循体育教学评价的基本规律和原则,从教育教学整体部署出发,基于花样跳绳普及性课程的目标,以个人花样跳和双人协作的车轮跳为技能考核内容,以定时计数的单、双摇跳为体能考核内容,设计与实施了每学期五次、成绩有效期为一学年的五彩绳结段位制考段活动。其中,定性与定量相结合的双重达标凸显终结性评价的客观性和全面性,段位难度的逐步上升体现阶段性评价的层进特征和激励性。五个段位象征着一至五年级的能力发展轨迹,关注每个年段的学生身心发展特点,使段位评价成为促进"绳韵"教育有效开展的加速器。

　　考段活动的基本目标是让学生"通过考核,获得段位,成就自我",同时也是为了保障花样跳绳有机融入课外体育活动,使之成为"绳韵"教育不可或缺的一部分。所以,我们注重教学评的一致性,把过程评价和结果评价统一起来,既关注学生的体能训练、锻炼习惯,也注重学生协作、坚持、自律等道德品质的发展。

　　考段活动的实施方法经历了从"自主申报、人满即考",到"上半学期三次黄段、蓝段和橙段,下半学期两次红段和紫段",不断调整完善考段活动机制,避免尚未练熟却连续报名考核、考核周期开始却鲜有人报名等现象发生。这表明活动机制是因材施教的,是注重自主选择、自我评定的。学段考核为学生提供了反思自我、发现问题、解决问题的机会,大大促进了学生体锻能力和品德的内化。

　　在段位考核的过程中,有限的晋升机会增加了绳结段位的含金量,反映了花样跳绳水平的合理性。而宽松的学练和准备时间也引导学生注重日常的学练,基础尚未扎实就谨慎报名,基础可以了就适时参与挑战,强调遵循循序渐进的原则。详细的段位评价指标为学生明确了学练目标,从目标导向的角度建立科学有序的学练规划,鼓励学生有深度、有宽度地提升水平。

　　与此同时,考核的过程根据学生的实际情况和心理预期,可以制订属于自己的考核方案,可选择一次性完成也可分项进行,通过即可获得相应数量的彩色绳结,直至达到指定数量晋升段位,获得相对应段位的彩绳。个性化的段位考核让学生在心理体验和接受评价的过程中感受到更多的公平公正,教育的

"人情味"与段位的硬指标相调和,切实地尊重个体的差异性,使参与考段的每一位学生都能收获跳绳带来的成就感,吸引更多的学生积极加入段位晋升的成长体验中。

二、五彩绳结段位制实施成效

五彩绳结段位制实施以来,取得了明显成效。

（一）学生分层进行学练,不断提升自我

体育教师根据课堂练习情况,结合学生段位高低,对体育课堂练习的内容进行设定。比如单摇跳练习中,对黄段的学生的目标是 30 秒至少完成 70 个,红段的目标为 100 个,同段的学生可以形成学习小组,比一比赛一赛。教师可以根据分组,更好地进行分层教学,使每个学生得到进步;而小组合作或互帮互助的小老师活动,显著提高了学生的荣誉感和集体责任感,让学生互相帮助、共同成长,从而构建良好的学习环境。

（二）学生学习兴趣增强,推动了花样跳绳的普及

段位制所明确的具体评价标准,体现了花样跳绳课程发展的整体方向和思路,高效推动了花样跳绳的全校普及。段位制的试运行,为学生设置了明确的进阶式目标,激励他们不断上进。学生在迎接层层挑战的过程中"努力即有收获",在与同伴的良性竞争和自我满足中愈发地热衷于这种技能成长模式,形成了全校师生主动参与、人人参与的氛围,达到了推广花样跳绳的效果。与此同时,学生在良性竞争中形成了健康的人际交往,提高了社会适应能力。

有了段位制的考核方法,每个学生有了更加明确的学习和努力目标,积极参与完成每节花样跳绳课的学习内容,并在自主练习的环节中满怀激情地参与到学习中,不断进行自我提高和自我探究,提高了主动意识。

（三）优化了评价制度,培养了学生的体育道德

五彩绳结段位考核与晋升评价机制是采用个体内差异评价法和相对评价法,进行分层评价。它既能承认和尊重学生的个性,又会激发内在潜能,体验成

功的快乐,形成积极的心态。每个学生都能充分发挥自己的特长,补其所短,激励进步。它使所谓"后进生"看到自己的闪光点,体验到成功的喜悦;"中等生"看到自己的发展前景,增强进一步努力的信心;"优等生"知道学无止境,明确今后发展的方向。具体评价中注意以健康第一为指导思想,以学生的学习态度和是否积极锻炼、是否认真刻苦等方面为主要标准,激励学生积极进取,培养对体育活动的兴趣,养成良好的锻炼习惯。通过教师对学生的观察、考查和测验,并参考学生自我评价和同学间互相评价的意见,对学生进行综合评定,发放绳结和彩绳。

达到理想的段位需要一定的时间和学练积淀,不能越级考核,且任何年级的学生均需要从黄段开始参与考核,逐级而上。机会均等,起点相同,引导学生自主参与、态度端正。以段位制为学习参考,学生对自身能力现状有了清晰的认知,"不怕考不过,就怕有失误"。在此心理基础上,学生始终保持较高的参与兴趣,愿意制订合理的跳绳计划以等待下一次考核的到来,从而养成每天进行体育锻炼的好习惯,为身体健康打下了基础。

(四)学生勇于挑战自我,自信心增强

五彩绳结段位考核根据学生的发展水平和能力,考虑到学生之间的个体差异,对不同学生有区别对待。学生可以根据自己的能力进行选择,面对挑战,在不断战胜挑战的过程中树立自信心。每一个新段位对学生来说就是一次挑战,每战胜一次挑战,学生就获得一次成功的体验。从成功中,学生看到了自己能力的提高,逐步形成肯定自我的意识,并在获得成功的基础上产生向新高度冲击的信心。

应该说每一次段位考核都是学生对自我的挑战,考的不仅是学生的技能和身体素质,还有面对挑战的态度和心理素质。如果学生没有通过段位考核,也是提高其抗挫能力的好时机,培养其泰然处之的态度来面对成功与失败。因为在学生漫长的成长过程中,要面临无数的竞争和挑战,从小培养学生的挑战心和逆商,将来才能成为无畏且有竞争力的人。

晋段的过程实际上是一种分层学练的激励手段,基于充分尊重个体差异性,坚持个性化发展,使每一位学生都能通过晋段任务发现自身闪光点,学有所感,学有所获。科学合理的段位制考核方式引导学生注重学练过程的体验,而非仅仅取得段位本身。成功的体验是获得下一次成功的勇气和动力,学生自信心呈现出不降反增的趋势,从而达到培养学生积极乐观、坚持不懈的体育精神的目标,促进学生积极健康人格的初步发展,健全学生身心健康。

(五)学生爱上花样跳绳,体质得到提升

教师帮助不同段位的学生制订有个性特点、具体切实的个人锻炼计划,严格规定锻炼内容、方法、过程、运动量和时间等。教师教育学生要认真锻炼,踏踏实实,从点滴做起,并引导学生加强对个人锻炼计划的实施进行自我评价、自我监督,不断提高学生积极参与锻炼的自律性,从而养成良好的锻炼习惯。运动量由小到大,待学生适应后再逐渐增加;锻炼难度由易到难,逐渐升级,循序渐进,使学生逐渐养成良好的体育锻炼习惯。

学校自 2014 年 9 月正式实行五彩绳结段位制以来,2017 年学生实现零"无段位",普及工作获得了圆满成功(见图 4-1-1)。结合 2011 年至 2022 年的体质健康优良率进行分析,学校自 2014 年正式实行段位制考核后,学校优良率从

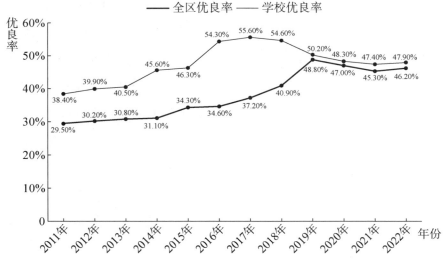

图 4-1-1　2011—2022 年体质健康综合评价趋势图

40.50％迅速攀升到45.60％,后续三年也是呈逐年递增的趋势,并持续拉开与全区优良率的差距。在2020年这样特殊的年份,学生因疫情居家学习期间,学校仍然坚持开展线上花样跳绳教学,因此2020年的优良率基本与2019年持平,并高于区平均优良率。

从上述数据分析可知,花样跳绳技术的进步水平与学生体质健康优良率的数据呈现出强关联性和同步性。因此,通过分析段位在各年级的分布情况,定期对"绳舞飞扬"课程的实施情况进行评估,在体育教育教学活动中及时作出针对性的调整,提升学生的体质健康,是学校体育改革实践的追求。

第二节　绳趣社团:普及与提高并重

短短几年,花样跳绳已完全深入全校师生和家长的心中,尤其是学校每年参与各级花样跳绳比赛时都捷报频传。以花样跳绳带动校园文化建设,逐步成为师生的共识,也为学校的优质发展奠定了基础。

为推动"绳韵"教育深入持久地开展,做大做强花样跳绳体育项目,基于绳的本体功能,高境科创实验小学分别开设以基础技能和绳趣体能为活动内容的普及型社团,以复合式技能(自编花样)和跳绳专项体能练习为活动内容的提高型社团,注重普及与提高并存交错。"绳趣社团"作为课外体育的重要组成部分被推出,与体育课、体育活动课和大课间活动进行有效衔接,关注于发掘学生的天赋、潜力、特长和志趣,在学校教育教学整体部署的统筹下,充分调动校内、校外资源,教师与跳绳教练紧密配合,强调"有限参与、有序组织、有效活动、有利发展"的原则,促进花样跳绳与校园生活的全面融合。

一、普及型社团——激发兴趣,丰富体验

高境科创实验小学面向全体学生开展"绳韵"活动的普及性训练,利用课后服务的一小时开设了普及型花样跳绳社团,有跳绳兴趣的学生均可报名参加。

教师组织学生进行技能练习、游戏创编、小组 PK 等活动,激发兴趣,引导学生形成坚持锻炼的意识。

普及型的花样跳绳社团,相较于跳绳队的训练,学生的选择更为灵活自由。社团重点关注的是学生的参与度和收获感,且与跳绳队呈梯次性配置。学得较好的学生可以经社团负责教师推荐进入跳绳队;社团也应接纳在跳绳队认定中尚未达标的队员,转而成为社团骨干,继续带动其他同学进行学练,而不会因此失去对花样跳绳的信心。

课后服务一小时历来是学校开展素质拓展活动的黄金时段。800 名学生的规模使花样跳绳在各年段都拥有广泛的群众基础,普及型社团更是学生报名的热点。

为了使每一位学生公平地享有参与社团的权利,学校以年级为单位,采用集中报名、比例分配、随机选择、梯次参与的机制,每月更新社团名单,根据各年级报名人数按比例分配社团名额。

对于普通学生而言,由社团负责教师向各班发放一定数量的活动卡,学生在班内向班主任申请参与。在原有的跳绳队训练的影响下,有限的报名人数使普及型跳绳社团在学生心中更有神秘感,获得名额的学生能认真地参与社团的学练,未获得名额的学生将保持极高的热情,为下一次报名机会做准备。自由开放却机会难得的花样跳绳普及型社团,使跳绳运动在全校学生心中占据了不可或缺的地位。

普及型社团是洋溢着阳光与快乐的绳趣小天地,活动的每一环节都是教师与教练以真心的期望、用心的思考和精心的设计回应学生的热情。教练根据学生不同的跳绳表现给予宝贵的经验指导,融合生活场景,助力学生在自主跳绳锻炼中能巧妙地克服技术上的问题。同时,教师会结合学情,组织学生以个人、一对一、二对一、多人协作并行等形式,运用形状色彩各异的辅助器具进行量身定制,从身体表现和心理需求两方面使学生产生持续的进步感和收获感。技能的成长伴随着体能的增强,绳趣体能练习注重学生内心以绳为乐的情感升华,在实际过程中,学生能更客观地评价自身,萌生改善或者坚持的积极情绪,保持浓厚的兴趣。

二、提高型社团——开发潜质,助力提升

提高型社团集结了学校花样跳绳的精英(花样跳绳队),注重提高性训练,象征着学校花样跳绳队的最高水准。针对有跳绳天赋的学生,学校组建了梯队式社团,以校队学生为主体,坚持做到每天一小时的基本功训练,每周一次的提高性训练,每学期展示一次、参加 N 次赛事,每年参加一次全国跳绳锦标赛,实施以赛促练,提升学生体能,力争获取好成绩。

社团以教练的赛事经验和技巧为基准,分为主力一队、后备二队、新手队三个层级。教师需要更有效地运用相应的训练方法,来协助队员提升技能表现,在素质拓展活动后继续组织跳绳队训练一小时。社团训练以难度较高的跳绳技能为主要内容,配合不同旋律和节奏的音乐,排练成观赏性极佳的花样跳绳表演。基本功环节鼓励学生反复练习交互绳速度和单摇速度等限时计数类单项赛事,提高自身的速度和耐力素质,尽力消除跳绳的失误,争取成为高水平运动员。

尽管可能少了几分趣味,但复合式跳绳动作也吸引着学生争相向教练讨教,在扎实的跳绳基础上,拓宽眼界、增加运动经验,信心满满地使自己在训练中更上一层楼。跳绳队的训练现场是欢笑与艰苦并存的演练场,每一位学生都在为自己将来能登上绚丽的舞台而奋斗。与普及型社团相比,跳绳队员已将兴趣上升到志趣,花样跳绳已成为他们课外生活的必备活动。通过教练的慧眼,学生的潜力和天赋得到全面激活,追求单位个数和高质量表演的队员们不断开发自己的运动极限,挑战更高的成绩。每学期的校园大型文艺活动和校社联展都能看到他们高超的花样跳绳技术,每年从区到全国甚至是国际赛事,他们以赛促练,与同龄人一较高下,力争前三的好成绩。

每年春季,社团会公开向一年级学生招募新队员,通过海选和精选两个阶段,在得到家长的同意后将天资聪颖、运动天赋明显的学生组建为新手队,参与社团训练。训练初期,在教练的悉心指导下,学生的跳绳基本功迅速形成,并开

始适应跳绳队的训练环境。当新手队员的技能达到标准,择优补充进入后备二队。

普及型社团与提高型社团(花样跳绳队)呈梯次性配置,经教练与教师共同推荐,确定具备潜力和天赋且对待花样跳绳特别认真的学生升入提高型社团,接受更专业、强度较大的跳绳训练。同时,社团会吸收从提高型社团退出而愿意继续跳绳的队员,将他们发展为社团骨干。他们将相对丰富的学习经验分享给大家,协助教练与教师,设计更多新颖的花样跳绳活动,从另一个角度保持对花样跳绳的热情,获得更多的价值体验,使花样跳绳在各年段"青黄相接","阳光绳韵"得以传承。

绳趣社团从开设、发展到如火如荼,历经多年。极高的参与度,说明花样跳绳已深入全校师生和家长心中,学校每年在各级花样跳绳赛事中更是捷报频传。我们的愿景是让花样跳绳成为学生课后锻炼的一种方法、一种终身不变的意识,也是在活动体验中,通过大大小小的成就产生强劲的成长动力,营造积极向上的童年氛围。绳趣社团是我们为学生的学习生活所创造的特别的幸福。

 案例

爱上挑战,爱上跳绳

高境科创实验小学二(3)班　沈鑫璈

在我还没上学的时候,爸爸就经常带我下楼跳绳。我开始跳绳的时候,经常失误。爸爸说:"听到'啪'的一声就跳。"我试了试,还是只跳了一个。我心想:跳绳真难。爸爸说:"你只要多加练习,一定可以。"

上学后,体育课上有许多同学在操场上跳绳,他们跳得又快又多,我心里既羡慕又着急。我怕我笨拙的样子,会让同学们笑话我。所以,我总是没有勇气在同学们面前学跳绳。老师似乎看出了我的心思,就走过来鼓励我说:"别着急,慢慢来。"然后,她让我先练习空摇,再慢慢配合手摇的节奏进行脚的练习……渐渐地,我有了一点感觉。后来,当我一口气能跳七八个的时候,我心里有说不出来的高兴。经过老师的指导,再加上自己刻苦练习,以及班上小老师的帮助,我进步了很多。目前我已经能30秒跳50个左右了。虽然我离黄段的目标还有差距,但是老师看我取得了进步,于是给我提出了新的挑战,让我课后每天完成100个单摇跳。全勤打卡也会获得相应的绳结,我下定决心每天都坚持练习。

第三节　花样跳绳竞技:魅力多彩

我们注意顺应新时代教育的发展趋势,认真贯彻执行"阳光体育一小时"的政策,以促进学生健康、道德品质和学习兴趣等可持续发展为前提,定期组织与举办以"绳舞飞扬"为主题的大型绳趣校园系列运动会。生生竞技、师生竞技、班班竞技、自由竞技等各类形式的花样跳绳活动,鼓励全校师生发挥运动优势、互相挑战,在宽松、公平、开放的氛围中分享个体与集体跳绳的学练成果,交流跳绳的技巧和心得。

一、绳操大比武

姿态优美、富有童趣的自编绳操是高境科创实验小学花样跳绳课程的名片之一,讲究的是简而易行、整齐有序、锻炼全身,每一拍要求做到位、幅度充分,要求充分展现花样跳绳给学生带来的健康促进和素质提升的积极影响。

绳操每学期由体育教研组和音乐教研组的专任教师共同创编并推出,动作简单易学,但每一拍要求到位且幅度充分,这是学校体艺融合的重要经验。体育锻炼方面,绳操具备中等运动强度、锻炼全身部位的特征,有效提高心肺功能和耐力、灵敏、柔韧等素质;艺术培养方面,绳操具备塑造良好体态、激发艺术感知的特征,锻炼学生的律动、节奏感,奠定艺术表演的基本素养。

每学期的第三个月,我们组织自编绳操大比武活动,在体育活动课中进行集中展示评比。学校组织评委对各班的绳操表现进行分项和综合评分,决出前三名并颁发奖状、授予称号。各年段中排行第一与第二的班级,将在大课间活动中再进行集中展示会演。大比武活动从学生的班级荣誉和个人兴趣角度激励着学生发挥主观能动性,在课后时段努力练习绳操,养成自律的锻炼习惯,合理规划、劳逸结合。绳操大比武作为花样跳绳融入体育活动课和大课间活动后学、练、赛的第三个环节,对学生起着目标导向的作用,给学生带来了健康促进和素质提升的积极影响。

二、校园"花绳节"

每年冬季的校园"花绳节"(跳绳运动会)是学生心中最期待的校园盛典。这是每位学生一学年以来参与花样跳绳活动成绩的证明和体现,是证明跳绳能力和精神的最佳时机。跳绳运动会以班级为单位参赛,面向全体学生,分低、中高两个年段组别,在个人单、双摇竞速和个人花样规定、自编套路以及长绳绕八字、交互绳速度等六个单项中进行角逐,由校内外获得专业花样跳绳裁判证书的教师和教练担任运动会裁判。这从一定程度上说明,高境科创实验小学作为花样跳绳品牌特色学校,在自主组织花样跳绳比赛方面已具备相当的专业性经验。

"花绳节"以班级为单位,面向全体学生,通过单摇、双摇、长绳、交互绳等基本技能的较量来检验学练成果,提高学生锻炼的积极性、主动性、自觉性和持久性;通过个人赛和团体赛,帮助学生有效锻炼、掌握技能、提高能力、体验成功。"花绳节"在学练的态度、习惯、情感价值观和精神意志力等方面考验、激励着学生,在这个过程中,学生的人格得到淬炼,同学之间的合作意识和班集体的凝聚力得到提升,也提升了学生不怕艰难、坚持到底的意志品质。

"花绳节"是检验学生学练成果的最好途径,让学生看到自己与强手的差距,找到自己赶超的目标,激发学生不断学习,挑战更高水平,最终获得成功的决心和信心,形成自律自觉、积极向上的体育品质(见图4-3-1)。

图 4‑3‑1　高境科创实验小学校园"花绳节"活动

三、花绳擂台赛

为进一步充实体育活动课和大课间活动,我们推出了旨在促进学生持续学习花样跳绳技能、追求卓越的"花绳擂台赛",运用这个平台适度增加了个人或者集体间的日常小型竞技,突出了"以赛促练"的原则。考虑到竞技开展的有序性,学校每月创建一次"绳趣擂台赛",鼓励教师与学生共同参与。

"花绳擂台赛"分为个人赛和集体赛,允许班级之间互相挑战,充分发挥个体学练成果和集体协作能力。比赛主题可由体育教师制定,也可由师生自主协商后向体育组报备,体育教研组从专业的角度综合判断并确定方案。根据主题分设低、中、高段个人或团体擂台,获胜者可获"花绳勋章"。每一位学生在这种竞争氛围的适度"压迫"下,逐步形成集体荣誉感和体育品德,实际上对学生的世界观、人生观、价值观发展也产生了积极影响。通过擂台赛,也推动了学生学习兴趣、动机的发展,促使学生在课外发挥主观能动性,有意识地提高自身花样跳绳的技术水平,从而不断收获跳绳的乐趣和挑战成功时的自信。

"花绳擂台赛"讲究小而精,相比项目较多的跳绳运动会,仅选择更具跳绳水平代表性的项目,体育教师会从专业的花样跳绳裁判角度判定比赛胜败,强调的是学生对花样跳绳的钻研和热爱。擂台赛设置了挑战门槛,五彩绳结段位达到橙段方能申请擂台赛。一定的条件限制,鼓励着学生踏实学练,步步为营,合理设置目标,真正掌握花样跳绳技能,从而受益终身(见图4-3-2)。

图4-3-2　高境科创实验小学校园"花绳擂台赛"活动

四、花绳创编赛

　　"花绳创编赛"是一项旨在激发学生自主参与、创新和热爱花样跳绳的活动。通过这样的比赛,学生不仅能够展示他们在长期学练中所获得的技能,还能够展现他们的创造力和对跳绳运动的热爱。

　　学校设计和举行花样跳绳创编赛的目标,是让学生完全自主地参与而不是被迫参与花样跳绳运动,定义属于自己的跳绳乐趣,培养学生的创新能力。花样跳绳的创编能力直接反映了学生在长期学练中练习的密度、领悟的深度和热爱的程度。"花绳创编赛"是面向蓝、红、紫三个段位的学生并按照段位分组的创编能力大比拼。这种分级方式可以确保比赛的公平性,让不同水平的学生都有机会展示自己的技能。相比基本功较量的"花绳节"(跳绳运动会),"花绳创编赛"要求学生具备较高的综合运动素养,表演跨项目融合如武术、街舞、体操等技能的自编套路,避免他们过度依赖基础动作。学校鼓励学生创新,规定了全套创编中的既有基础动作不得多于两个,这不仅可以锻炼学生的跳绳技能,还可以培养他们的跨项目融合能力。

比赛由学校聘请的跳绳教练担任评委,从创编的难度、完成度、观赏性、锻炼价值和融合思维五个方面进行评价,全面评价学生的综合能力和创新思维。

"花绳创编赛"是一个非常有价值的活动,它不仅是一项体育竞技活动,也是一种综合性教育实践,更是一种教育手段,能够在多个层面上促进学生的全面发展。"花绳创编赛"在培养学生跳绳技能的同时,还能够培养他们的团队合作能力、艺术鉴赏能力、创新能力、跨项目融合能力,有利于培养学生的责任感和纪律性,促进学生全面发展(见图4-3-3)。

图4-3-3 高境科创实验小学校园"花绳创编赛"活动

第五章

系统构建"绳韵"教育课程体系

课程建设是学校教育工作的核心。课程是学校为贯彻国家教育方针、促进学生发展所创设和提供的教育载体,同时也承载着学校教育目标和内容。为了保证学校"绳韵"教育的常态化、规范化、系统化和高品质,培植学校"跳绳"特色,高境科创实验小学在落实国家课程的同时,致力于"绳韵"教育课程建设。

　　作为上海市新优质学校,我们始终坚持"新优质学校"四大办学特征——有教无类、回归本源、积极探索、百姓满意,来规划课程建设工作。在学校课程教学体系构建中主要体现四个方面:学校文化铸魂育人方向,体现全面育人教育价值;课程体系修筑师生成长"跑道",促进师生全面发展;课堂样态深耕核心素养阵地,提升教学质量;家校社协同育人,聚集内涵发展闭环。①

　　①　王平."四个建构"向阳生　破茧成蝶求嬗变——"新优质学校"课程教学变革及支持系统的探索与实践[J].进展,2023(2):3-6.

第一节 核心素养：课程构建之主轴

课程方案编制是教育过程中的一个重要环节，涉及如何确定教育目标、如何对教学内容进行合理的安排与组织，以满足学生的学习需求。一份科学、合理的课程方案，不仅能够提高教学质量，还能够激发学生的学习兴趣和主动性，促进学生的全面发展。

一、"绳韵"教育课程方案的编制依据

从 2001 年《国务院关于基础教育改革与发展的决定》和教育部印发的《基础教育课程改革纲要（试行）》，到 2022 年《教育部关于印发义务教育课程方案和课程标准（2022 年版）的通知》，再到 2023 年教育部办公厅印发的《基础教育课程教学改革深化行动方案》等相关文件精神，都强调了学校课程的选择性、丰富性与可行性。在编制"绳韵"教育课程时，我们坚持做到对标文件要求。

高境科创实验小学是一所教育部体育工作示范校，基于学校特色课程的定位及要求，学校以学生发展为本，坚持目标导向、问题导向、创新导向，通过课程方案的制订，在国家课程校本化的同时，完善学校层面德智体美劳全面发展的培养体系，进一步健全立德树人教育机制，开发"绳韵"校本课程，优化课程设置和实施，培育学生核心素养。

二、基于核心素养构建"绳韵"校本课程

落实义务教育培养目标，是将党的教育方针具体细化为课程应着力培养的核心素养，体现正确价值观、必备品格和关键能力的培养要求。因此，学校对于"绳韵"校本课程的开发，对接、落实小学生核心素养发展要求，编制了《高境科创实验小学"绳韵"教育课程建设规划》和《高境科创实验小学"绳韵"课程实施方案》，规定所开发的每门课程要体现国家要求、上海特点和"绳韵"风格，逐步

构建系统的、适宜的"绳韵"教育课程体系。

"以绳育德,以绳增智,以绳健体,以绳审美,以绳聚心"是"绳韵"教育的宗旨,其培养目标是使学生成为善于运动者、创新合作者、责任担当者、阳光生活者。为此,我们设计课程方案时注重落实"绳韵"教育培养目标,推动教学改革和创新;注重合理规划和科学设计实践活动,通过跨学科主题学习,以问题化、项目化学习和小学生主题综合实践活动为抓手,强化情感价值体验,加强综合性与情境性,培养学生在真实情景中解决问题的能力,提出素养导向、切实可行的教学建议。课程要体现正确的学业质量观,明确核心素养发展水平与具体表现,注重对价值体系的认识与践行、知识综合运用、问题解决等能力的考查,建立有序进阶、可测可评的学业质量标准。

高境科创实验小学围绕学生发展目标,建构学校总体课程框架,在扎实、稳步推进的基础上开发出具有学校特色的校本课程,形成一批校本课程的教学成果,逐步总结提炼出校本课程的开发机制、教研机制、评价机制和完善机制,可持续推进学校课程建设,促进学校在素质教育轨道上的内涵式发展,力图把学校办成老百姓满意的家门口的新优质学校。

在确定学校课程体系的基础上,学校从目标、结构、内容、实施、评价等方面不断优化课程体系,寻找有效教学资源,调整课程设置,以实现师生共同发展目标为主导。首先,学校依据国家课程、地方课程、校本课程的目标,将学校各类教育教学工作进行整合(见图5-1-1),精心安排学生学习生活。其次,在课程目标的引领下,整体把握单元学科知识的内在连贯性,做好知识内部结构之间的衔接铺垫和相互渗透。最后,根据课程结构与学生身心发展水平之间的适应性,以丰富多样的课程内容促进学生多方面的兴趣与差异性的成长,以及教师的专业持续发展。

整个课程体系主要体现在以下几个方面:一是要准确把握国家课程的校本化实施,同时面对全体学生及学生的差异性建设多样化、特色化的校本课程;二是基于全面育人的课程观,将课堂学习、校园生活、活动实践、家庭教育等纳入学校课程体系,实现学校课程全方位、全过程育人;三是充分发挥全体师生的智慧,注重课程建设的可持续、迭代化,使课程始终处于主动创生状态。

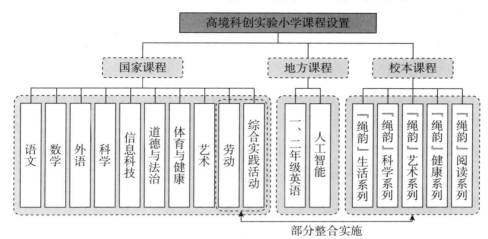

图 5-1-1 高境科创实验小学课程设置

因此,学校在构建校本课程时注意了以下几个方面。

一是坚持素养导向。围绕"为什么教"和"为谁教"的核心问题,深刻理解课程育人价值,落实育人为本理念。准确把握课程要培养的学生核心素养,明确教学内容和教学活动的素养要求,培养学生正确价值观、必备品格和关键能力,设定教学目标,改革教学过程和教学方法,把立德树人根本任务落实到具体教育教学活动中。

二是强化学科实践。注重"做中学",引导学生参与学科探究活动,经历发现问题、建构知识、运用知识、解决问题的过程,体会学科思想方法。加强知识学习与学生经验、现实生活、社会实践之间的联系,注重真实情境的创设,增强学生认识真实世界、解决真实问题的能力。

三是推进综合学习。整体理解与把握学习目标,注重知识学习与价值教育有机融合,发挥每一个教学活动多方面的育人价值。探索大单元教学,积极开展主题化、项目式学习等综合性教学活动,促进学生举一反三、融会贯通,加强知识间的内在关联,促进知识结构化。

四是落实因材施教。创设以学习者为中心的学习环境,凸显学生的学习主体地位,开展差异化教学,加强个别化指导,满足学生多样化的学习需求。引导学生明确目标、自主规划与自我监控,提高自主、合作和探究学习的能力,形成良好的思维习惯。发挥新技术的优势,探索线上线下深度融合,服务个性化学习。

近年来,高境科创实验小学的课程建设以"教育资源优质化、特色课程多元化、教师队伍专业化"的课程理念为指导,以"活动综合、资源整合、课程融合、评价结合"为主攻方向,进一步整合学习准备期、快乐活动日、班团队活动、校外社会实践活动、阳光体育健身等教育内容,注重国家课程校本化实施,不断完善校本课程建设。

第二节　全面布局:课程设置与实施

经过一段时间的实践,我们发现:花样跳绳历史悠久,是一项集强身与趣味性于一体的运动项目,并且具有场地装备要求小、技能习得要求低、年龄要求限制少、花样繁多兴趣高等特点和优势,可帮助学生掌握身体协调能力与平衡能力,也能够提升他们的意志耐力和弹跳能力,同时还能培养学生的欣赏能力与合作意识,对学生身心健康发展有一定的促进作用。但国内外有关花样跳绳课程的开发较少,并且课程内容都相对简单,缺乏规范性与系统性。因此,我们决定进行花样跳绳课程的研发与实践。

一、"绳韵"教育课程体系的具体结构

高境科创实验小学联合高校、区教研室、其他基层学校,依据《中共中央 国务院关于加强青少年体育增强青少年体质的意见》和《义务教育体育与健康课程标准(2011 年版)》,于 2013 年研发了"绳舞飞扬"特色课程,设计了跨学科主题学习系列活动,丰富以绳育德、以绳增智、以绳健体、以绳审美、以绳聚心的内涵,助力学生提高运动能力,形成健康行为,养成健康品质,凸显一条"绳"的育

人价值。

在"绳舞飞扬"特色课程的基础上,我们基于陶行知的生活教育思想,继续探究"绳"与生活、艺术、科学、健康、劳动、学习之间的关系。我们围绕一个核心、五类课程、三种类型、两线融合,目前研发了五大类十二门课程,通过一根绳子构建起"绳韵"教育特色课程体系,促进五育并举(见图5-2-1)。

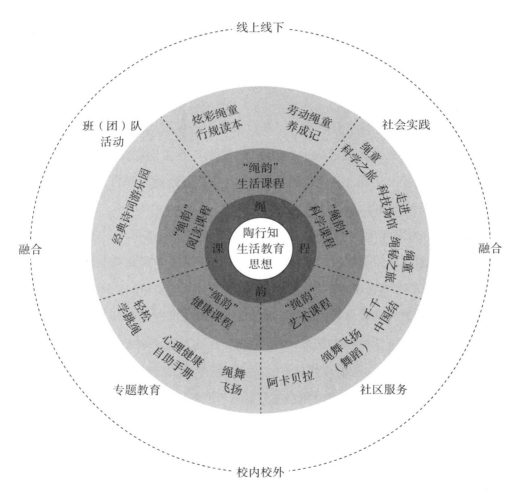

图5-2-1 "绳韵"教育特色课程体系示意图

所谓的一个核心,是以陶行知生活教育思想为内核的"引领师生健康快乐地成长"理念。五类课程是指"绳韵"生活课程、"绳韵"科学课程、"绳韵"艺术课程、"绳韵"健康课程、"绳韵"阅读课程,通过五类课程来促进五育并举。三种类型是指通过国家课程、地方课程、校本课程来执行(参见图5-1-1)。地方课程和校本课程是对国家课程的补充完善,是国家课程的地方化、校本化实施。两线融合是指学校通过线上线下、校内校外相融合的方式,进行课程实施。

在厘清国家课程与学校"绳韵"课程关系的基础上,我们的"绳韵"课程打通了学科壁垒,始终与时代同步,通过开展跨学科主题学习,推进国家课程校本化实施,促进了五育并举,为有效培养学生的核心素养服务。

二、"绳韵"教育课程在学校总课程中的落实

约瑟夫在谈到课程文化时曾说:"通过追寻一些重要问题的答案,我们可以把课堂或学校看成是文化。"从这个角度看,课程具有文化特性,课程文化的建设应当包括课程文化观念和课程活动形态等内容,即包括课程目标、课程内容、课程实施、课程管理等。

教育部2022年颁布了《义务教育课程方案和课程标准(2022年版)》,其中的课程结构包括国家课程、地方课程和校本课程三类。学科课程是国家课程的主体,有具体的课程标准,每所学校的安排与落实也基本相同。地方课程和校本课程是基础教育课程体系的重要组成部分,是国家课程的拓展和补充。高境科创实验小学结合学校办学愿景、学生发展目标与实际条件,教给学生终身受益的知识和能力,关注基础教育对学生终身发展产生的影响,扎实推进、落实校本特色课程,实现国家课程校本化实施。

(一)"绳韵"生活课程

学校在传承陶行知生活教育思想的基础上,将"五育并举,德育为首"的理念引领生活课程建设,所构建的"绳韵"生活课程,主要包括"炫彩绳童行规读本"和"劳动绳童养成记"。这两门课程主要通过班队课的时间来落实,其中还穿插了与多种生活教育相关的"科普场馆行"活动。

学校还注意充分利用午会课的时间,安排了相关专题教育内容,比如:周

一,结合我国节气或时政大事,安排有关专题生活教育;周四,通过"红领巾广播"等平台加强行规教育,培养学生行为表现力;周五,围绕学校大队部主题,开展少先队活动课。同时组织学生开展符合其身心发展特征和本校实际、形式多样的习作类家庭劳动教育活动和生活本领的素养培育,体验陶行知先生的"教学做合一"的教育思想。

作为上海市新优质学校,学校以"师生健康快乐地成长"为指导思想,注重"绳韵"教育与科创教育两翼同步,践行"踏绳启程,载德远行"的校训,将具有学校特色的绳文化构建成系列"绳韵"课程,着力培育青少年的综合素养,取得了显著的成绩。而针对教师、家长对学生劳动教育意识不强的问题,我们就将劳动教育作为学校工作的一项重要内容,保证劳动教育的实效性和多样性,引导教师和家长认识劳动对培养学生优秀的思想品质、养成良好行为习惯的作用,使家长能积极主动地配合各项校内外教育活动。我们通过宝山区"行知行"劳动教育实践基地校实验平台,将劳动教育与综合实践活动整合,纳入学校整体课程计划。学校从儿童的生活出发设计主题,借"劳动绳童养成记"校本综合实践活动项目,开发劳动教育主题式综合课程,有效统整各类学习内容,以实践、体验、探究为主要活动方式,推进劳动教育的日常化、课程化和特色化。

在构建"绳韵"生活课程的劳动教育课程中,特别制定了一年级到五年级劳动教育实施细则,将劳动教育放在生活教育的重要位置,每月开展一次教研活动来开发课程资源,采用年级走班方式实施教学。同时通过学校开展的各种主题活动,营造自己的事情自己做、家里的事情主动做的正向引领。

1. 劳动教育与日常行规教育相结合

各班级结合实际情况有目的、有针对性地开展关于劳动教育的主题班会,或进行社会实践活动,或开展劳动技能竞赛活动。建立学生学校值日制度,开展"爱学校的集体劳动",组织学生开展教室、公共区域、学校食堂等区域的卫生打扫,让学生在为集体、为他人服务的过程中体验劳动的快乐,培养责任感。结合学校植物种植划分班级包干区,组织学生到责任区参加劳动实践活动,让学生在劳动过程中学会劳动工具的使用、整理和修理方法,把包干区变成学生学习知识、历练修养的大课堂。

2. 劳动教育与少先队的争章活动相结合

劳动教育与少先队争章活动相结合,每个学期以年级组为单位举行各类劳动技能比赛。各年级争章活动安排如下:一年级“自理章”,二年级“班级小岗位章”,三年级“校园小岗位章”,四年级“家务章”,五年级“种植章”。

3. 劳动教育与家庭教育相结合

学校加强家校联系,通过家访、家长学校等形式对学生家长进行劳动教育重要性的宣传,转变家长的教育观念,帮助家长明确劳动在孩子学习、生活以及未来发展中的积极意义,鼓励家长为学生劳动创造机会。通过校本课程,传授家务劳动方法,掌握家务劳动技能。制定家校劳动教育手册,加强家校合作与沟通,做好监督和反馈,形成教育合力,确保劳动教育在家庭中有序开展。落实家长参与学校劳动教育工作的开展,引导家长认识劳动对培养学生优秀的思想品质、养成良好行为习惯的作用,使家长能积极主动配合各项校内外教育活动。

4. 劳动教育与社区实践相结合

以社区活动为辅的社会劳动教育在基础教育阶段是开展社会劳动教育的一项重要内容。充分利用社会大课堂资源开展好劳动教育,是让学生在社会大课堂中进行实践体验的重要资源平台。利用社会大课堂,组织学生走进蔬菜水果种植、畜牧养殖、城市绿化等现代农业基地或生态庄园,体验感受现代农业的魅力。结合学校“科普场馆行”活动,为学生提供多样化的劳动场地,组织学生开展研学活动,走进农业生产基地、工厂车间、制造基地,参与劳动生产、流通、服务贸易的实践体验。利用寒暑假组织学生开展“小区卫生打扫”“社区公共设施维护”“走进敬老院”等社会劳动实践,让学生既有效地参与了社会劳动服务活动,又锻炼了学生的交往能力,强化了学生的社会公德心和社会责任感。

5. 劳动教育与学校特色种植相结合

利用校园内的绿地、“动创之阁”,让学生自主进行翻土、栽种、施肥、浇水等劳动。围绕植物的种植、生长,组织学生开展项目研究,让学生通过网上搜索、图书查找、请教老师、与同学交流信息等手段,以“栽种学习单”的形式记录数据,开展劳动实践小课题研究活动,增强劳动教育的技术含量,让学生感受科技与劳动的结合。

结合学校种植特色,拓展活动外延,研发家政、烹饪、手工、园艺等与劳动教育相关的实践类拓展课程,并保障每周一课时,学生自主选课,实行分类走班学习,进一步拓展劳动教育的渠道。创新劳动教育方式,将校园节日活动与劳动教育进行有机联系和有序整合,使学生的劳动情操、思想、性格等不断受到熏陶。如:科技节开展"我是小小修理工"活动,为学校修理劳动工具;体育节开展"我是小小志愿者"活动,为运动员提供各种服务;读书节开展"我是小小图书员"活动,体验日常图书的借阅与管理工作;艺术节开展"劳动最光荣"活动,歌颂劳动,搜集宣传劳动模范事迹,点赞身边的劳动者。

学校制定科学规范的考核评价机制是促进劳动教育有效实施的保障。为激发学生参与劳动课程的积极性,学校组织开展多样化活动,并及时加强考核,充分发挥评价的激励与引导作用,培养学生认真负责、团结互助及爱惜劳动成果的品质,形成良好的劳动习惯。学校把具体的劳动情况和相关材料记入学生综合素质档案,可作为校园劳动之星、家庭劳动之星评选的重要依据。

学校主要通过以下步骤实施劳动教育。

(1)校内学科渗透,形成劳动认知

组织学习"绳秘之旅"综合实践课程,在开展午会课专题教育、班会活动、少先队活动课、学科教学过程中,结合劳动清单上的内容进行家务劳动技能的指导,引导学生养成自己的事情自己做、家庭的事情主动做的日常劳动好习惯。

(2)家校及时联系,营造劳动氛围

学校通过家长学校课程,不断更新家长的劳动教育理念,指导家长对学生在家庭生活中的劳动实践予以培养,激发其与学校形成教育合力。加强家校合作,鼓励家长在家中为学生创造劳动机会,通过合理的劳动时间和劳动方式,提高学生的动手能力,培养自理能力。

(3)创设劳动场景,习得基本技能

结合学校分年级劳动清单,引导学生在校、在家找到自己的劳动小岗位,在老师和家长的指导下掌握劳动的基本技能。同时学校通过家长微课平台,邀请劳技精湛的家长参与劳动技能授课,鼓励家长给孩子提供生活实训的机会。

（4）家中劳动打卡,养成劳动习惯

用好家长学校特色课程"家长积点手册",指导家长在家庭中为孩子创造劳动技能的实践机会。结合少先队争章活动,布置为期21天的劳动习惯养成的打卡任务。家长通过劳动评价表督促孩子完成劳动任务,鼓励孩子持之以恒地开展劳动,锻炼劳动的意志品质。

（5）家庭互动评价,激发劳动热情

学校将特有的"炫彩绳童大本营——雏鹰争章"活动引入劳动实践评价中,用代表清洁卫生的"青绳结"和责任担当的"蓝绳结"进行即时评价,以"日日颁章,周周汇总,月月表彰,期末展示"的管理机制,调动学生的劳动积极性。

（6）定期劳动展示,检验劳动成效

结合各年级劳动主题,定期举行劳动技能系列比赛。从制订和宣布方案开始,班主任和家长共同指导学生学习劳动技能,开展日常训练,再到比赛检验成效,评选班级"劳动小能人",激发学生和家长的兴趣,让学生形成劳动意识、锻炼劳动技能。

 案例

《炫彩绳童行规读本》编写说明

叶圣陶先生说:"教育就是培养习惯。"良好的行为规范,可以使学生个人具备向上向好的能动性,班级展现阳光正气的精神风貌,有利于促进良好学风的形成和教学质量的提升。自2018年我校被评为"上海市中小学行为规范示范校"以来,始终将行规教育作为立德树人的重要抓手,一日常规一以贯之,坚持多年。行规养成重在细节培养,皆从起卧、穿衣、吃饭、如厕等关键小事体现教育举措,凸显坐卧起居皆有规矩,小事不小,见微知著。小学段的行规教育尤当如此。基于此,我校推进了"炫彩绳童 科创练就"绳韵生活课程读本的编创进程,将"促行规养成,助绳童成长"作为德育工作重点,以培养学生良好的行规素养,促进学生终身发展为要,落实学生日常行为规范的养成。

《炫彩绳童行规读本》共五册,以年级分册。每个年级均以阳光、友善、睿智、健康、洁净、诚信和优雅七个维度分设单元,聚焦学生心理健康、道德品质、学习习惯、健康体魄、卫生习惯、文明礼仪等方面的素质培养。低年级读本中,结合低幼年龄儿童特点,代入学生在校在家等日常情境,以"念儿歌""听故事""贴知识""练能力"等板块设置,通过学习相关知识点,引导学生初步建立约束自身行为习惯的意识,促进其行为规范的养成;中年级以"读名言""说心事""听故事""炼熔炉"等板块设置,高年级以"智慧亭""故事站""分享会""思辨台""阅读角"等板块设置,难度根据该年龄段学生的思维理解能力和思想觉悟意识程度而螺旋式上升,加入"知识小拓展""回顾历史""阅读园""知识窗"等延伸知识点,让学生不仅"知其然",还"知其所以然",不仅学会严于律己,也学会宽以待人,不仅有关注"小我"的细节规范,也有爱国爱校和主动关心身边人的"大我"情怀。

同时在评价体系上,沿袭学校已有的"绳结"元素,将"七彩绳结"作为争章评价机制。根据年级细化"绳结"评价标准,以颜色区分指向不同目标,根据场景不同分设自评、互评、师评和家长评,聚焦过程性评价、汇总阶段性评价、导向成果性评价,并将其量化,与学校的"炫彩绳童"大本营争章活动结合。学生通过学期末收获"绳结"数量的多少,得到相应的奖励或奖品。

结合班级活动,学校也以此作为抓手,组织开展各类大小活动,推进"班级特色创建"活动,以此加强班级文化建设,打造班级特色。与此同时,依托家庭、学校、社区三位一体的管理平台,形成教育合力,促进"成长护航"家校合作。课程内容上拓展亲子实践、亲子游戏、亲子共读等形式,同时统整社区资源,促进德育渗透日常、融入日常,进一步加强家校社立体式联动,助力共育。

"不积跬步,无以至千里。"行规养成并非朝夕之间一蹴而就,须由规范起步,习惯养成,不断加强,才能练就行规素质,因此我们将这套"绳韵"生活课程命名为"炼就"——炼其内力,外化于行。通过"绳韵"生活课程的实施,学生不仅能够获得知识和技能,更能够形成健全的人格和良好的道德品质,成为对社会有贡献的人。

(二)"绳韵"科学课程

"敢探未发明的新理,敢入未开化的边疆"的创造精神是陶行知先生倡导的四种精神之一。高境科创实验小学始终坚持创设合适的学习环境,从小培养学生的自主探究能力与创新精神。学校努力营造一个开放、多元的学习氛围,鼓励学生自由发表观点、交流思想,为他们提供广阔的探索空间。通过开展各种探究性学习活动,引导学生主动发现问题、分析问题并寻找解决方案,培养他们的独立思考和创新能力。同时,学校充分利用科技场馆的资源,组织学生参观学习,让他们在实践中感受科技的魅力,激发他们的创新热情。

目前学校开设了"走进科技场馆""绳童科学之旅""绳童绳秘之旅"三个课程。其中"走进科技场馆"作为社会实践活动的一个内容,每学期一次,分年段实施,形式主要是实地与云上参观学习相结合,主要是让学生在动手操作中培养观察力、实验能力和团队合作精神,进一步培养他们的创新思维。"绳童科学之旅""绳童绳秘之旅"这两个课程,主要放在学校总课程的探究课中进行落实推进,在两个学期中交替并行。

 案例

"创新机器人(三年级)"课程简介

本课程以 2017 年印发的《义务教育小学科学课程标准》等为依据,基于能力风暴机器人套件,吸收国内外相关机器人教材的实践成果,经过教师的广泛讨论,多次修改编写完成。

本课程共 20 课,适合小学三年级学生。按照学生认知发展规律,介绍机器人的基本结构、简单机械结构、图形化编程、程序语法结构等机器人结构与功能、编程与控制的综合知识。本课程关注学生科学、技术、工程素养的培养,采用项目教学模式,通过每一个项目的制作、试验与评价,将学习内容由浅到深逐步呈现给学生,在动手实践过程中学习并提高能力。

1. 课程模块说明

课程中每个项目的教学按照"观察与思考""动手与实践""思维延伸""活动与探究"和"评价与总结"五个模块展开,各模块详细说明如下。

观察与思考:以提问和回答的对话形式,就项目主题展开讨论和问题探索,从中引出项目的设计需求。

动手与实践:画出项目的草图,重点在于对项目结构、功能进行分析,以利于学生通过讨论后,形成项目的初步设想。

思维延伸:思考项目任务涉及的背景知识、机械结构、传感器工作原理等知识点。

活动与探究:围绕项目展开试验活动,对传感器的属性、机械结构、程序逻辑判断进行深入探索,从中感受项目的乐趣,以及巩固知识,发展观察、思考的能力。

评价与总结:在学生进行项目的展示后,师生对每一组的项目展开自评和互评,评价学习效果,总结学习知识。

2. 课程内容

第1课 安全的梯子	第2课 牢固的篮球架
第3课 简易的时钟	第4课 没风的风扇
第5课 自动人行道	第6课 海陆空三用车
第7课 家里的新朋友	第8课 神奇的闹钟
第9课 走失的宠物	第10课 有耳朵的灯
第11课 电动钓鱼竿	第12课 神奇的遥控车
第13课 火焰报警器	第14课 认路的小车
第15课 恒温系统	第16课 摇头电风扇
第17课 迷宫机器人	第18课 自动洗衣机
第19课 自动安全门	第20课 便捷的电梯

案例

科创教育突思维之规

高境科创实验小学　宋　杰

学校核心价值观中加了"科创浸润，全面发展"，从办学理念上确定了学校的办学方向，凸显了科创教育在学校中的地位。我们还提出了"科创教育突思维之规"，让科技创新意识浸润师生的心灵，培养学生的创新思维和能力。作为一名科技老师，我以"绳韵"科学课程为载体，开启学生科学思维的火花，培养学生动手动脑能力，为促进学生全面发展打下了较为扎实的基础。

首先，科技教育不应仅限于理论知识的传授，更应注重实践能力的培养。学校鼓励学生多参与实际项目，通过动手操作来巩固和拓展所学知识。利用课后服务时间，学校积极开设了创客机器人、创意彩泥、无人机、无屏编程、FCD未来汽车设计、遥控车模、航模等富有品牌特色的科技社团。丰富多样的科技类社团活动不仅丰富了学生的业余学习生活，也为培养他们的动手能力奠定了良好的基础。此外，学校还会组织各种实践活动，如校园科技节活动、安全体验、科学讲堂以及科普场馆之旅等，让学生在实践中提高解决问题的能力。

其次，"以绳增智"的绳韵文化启示了学校科技教育应该注重创新思维的培养。在日常的教学过程中，学校尽量引导学生从不同角度思考问题，鼓励他们提出独特的解决方案。同时为做好校本课程从学科课程向实践活动课程、从分科课程向综合课程的转型，学校组织骨干教师成立了"绳STEM＋"项目组，聘请中国青少年科技辅导员协会培训工作委员会副主任、上海市特级校长吴强老师作为指导专家，基于"绳STEM＋"课程，进一步研发具有实践性、综合性、活动性的特色校本课程。通过组织学生进行小组讨论、合作项目等活动，让他们在相互协作中共同成长。学生不仅提高了沟通协作能力，还学会了如何取长补短、共同解决困难。

在具体的教学实践中，学校将跨学科的知识和方法引入课堂，鼓励学生综合运用所学知识解决实际问题。例如,在教授编程时,学校会引导学生结合数学、物理等学科知识,让他们明白编程在实际生活中的应用价值。

总之,"绳韵"科学课程为学校提供了宝贵的启示,让学校在科技教育中更加注重实践、创新和团队合作。通过不断改进教学方法和手段,学校相信能够培养出更多具备综合素质的科技人才。

学校将继续注重"绳韵"科学课程的实施,将陶行知先生提倡的创造精神融入日常教学之中。我们相信,通过不断的努力和实践,一定能够培养出更多具有创新精神和实践能力的学生,为推动社会进步贡献力量。

(三)"绳韵"艺术课程

艺术课程能激发学生对艺术的学习兴趣,提升学生的审美感知、艺术表现、创意实践、文化理解等核心素养。在艺术课程中,学生可学习如何理解艺术作品,欣赏它们的美和价值,并通过创作自己的艺术品来表达自己的想法和情感。

艺术课程可以帮助学生发展创造力、想象力、协作和沟通技巧。因为在创作过程中,学生需要与同伴合作,交流想法和意见,以便更好地完成共同的任务,在此过程中,可以帮助学生发展其他重要的技能和素质。

高境科创实验小学结合学校"绳韵"特色,在二至五年级中开设了"阿卡贝拉""绳舞飞扬(舞蹈)""千千中国结"三个课程作为自主拓展课程,在每天的课后服务时间进行落实。其中"阿卡贝拉"和"绳舞飞扬(舞蹈)"两个课程被编入《新时代学校美育特色课程设计与实施指南》一书,同时还拍摄了视频课程在全市推广。

在"双减"政策的大背景下,舞蹈艺术已经被越来越多的少年儿童认识、接受、认可并喜爱,它能反映出思想与情感,从而培养少儿对舞蹈美的感受力、表现力与鉴赏力。以"绳舞飞扬(舞蹈)"课程为例,在开发过程中注重在舞蹈中加入一些跳绳的动作与元素,形成所谓的"绳舞",不但能使舞蹈更具有表演性、多样性、创新性,同时还能渗入学校"以绳审美""以绳育德"的校园文化内涵。因此,"绳舞飞扬(舞蹈)"课程的开发与实施对促进学校美育特色建设的发展具有十分重要的意义与价值。

此课程注重美育素养指向,让学生体验每个绳舞所带来的意境美,感知学习与演绎过程中协同合作、互敬互爱的情谊美。学生在了解不同风格的绳舞节奏韵律、动作和表现特点中激发对绳舞学习的兴趣,从而培养绳舞学习与表现能力。

 案例

"绳舞飞扬(舞蹈)"设计思路

【课程目标】

一是学习掌握不同种类的舞蹈动作以及"绳"元素相关动作,并能完整流畅地演绎绳舞小组合,表达出不同风格的绳舞小组合的情绪情感。

二是运用欣赏感知、模仿体验、分解学习、组合编排等多种形式,感受绳舞与众不同的意境美,提升对绳舞的学习兴趣,循序渐进地投入绳舞的学习并有所成效。

三是在绳舞训练和绳舞表演的过程中增强审美意识和审美感受,发扬团结协作、互敬互爱的团队合作精神,以绳舞小组合的展现来尽情地绽放出自己的健康之美、活力之美、自信之美。

【课程实施】

一、教学组织形式及实施原则

采用课程解析型方式,整个课程内容主要以教学视频、PPT展示的形式呈现,教学语言生动且富有童趣,PPT设计特色鲜明。

采用先利用社团短课程进行初步互动教学,在课堂学习的基础上再让学生在家进行自主练习或家长和学生共同合作学习的方式开展教学,以便提升课程的实施成效。

二、学生的基础要求

绳舞负责老师共同进行舞蹈团成员的选拔,要求喜欢运动、节奏感强、具有一定的舞蹈基础和音乐素养。

三、教学的基本设施要求

(一)学生自学时的设备

一台可以上网的电脑或平板、竹节绳

(二)学生跟进互动教学时的设备

音乐或舞蹈教室、多媒体设备、竹节绳

四、教师的专业素养要求

(一)舞蹈教师

具有扎实的舞蹈基本功与舞蹈表现力;有一定的舞蹈编创能力和竞赛表演、教学的经验;较强的舞蹈鉴赏力与丰富的专业知识积累,以及责任心与沟通协调的能力。

(二)"绳"元素教师

具有科学规范的动作示范能力和讲解能力;花样跳绳的学习、教授经验;学生动作规范度的判断力和即时动作反馈纠正能力;花样动作创新编排能力;音乐风格鉴赏和节奏律动感知能力。

五、教学设计的相关要求

(一)立足以美育人,活化教学设计,开发主观能动性

本课程是课程解析型课程,内容呈现以生动活泼、通俗易懂的语言和直观的 PPT、视频讲解为主,着重在教学设计环节开拓创新,以提升学生的学习兴趣,开发学习的主观能动性。教师在学生开展自主学习之前设计能够启发学生主动思考、主动模仿实践、主动观赏记忆的相关学习要求,帮助学生在学习每一模块之前了解相关学习要求,明确相关学习任务,主动参与学习实践,最终实现以美育人的目的。

(二)注重核心素养,丰富实践体验,设计互动教学内容

舞蹈教师和跳绳教师可根据课程内容中的两大板块设计实践体验的互动教学

内容,选择合适的音乐作背景,指导学生通过生生合作、独立完成等方式开展绳舞实践活动,为激发学生的舞蹈和跳绳学习兴趣以及基本技能的培养创设实践经历。

（三）聚焦素养导向,探索融会贯通,设计科学的评价内容

本课程在实施的过程中通过过程性评价实现"教、学、评"的一致性,将评价充分融入学习之中,设计适合不同时段的评价内容,让评价成为课程学习内容的重要组成部分、素养导向的主线引领,并通过评价的手段提升学生对教材的掌握和对文化的理解。

六、教学的基本策略与方法

（一）以课程为媒介,促进家校共育

本课程的内容设计新奇有趣、简单易学,可以让家长与学生共同学习,将这门课程的内容作为家长学校培训的内容之一,也可以让低年级家长帮助低年级学生开展学习。这样既能营造亲子共学的良好氛围,同时也能保障美育普及的学习成效,两全其美。

（二）兴趣化引领,打造特色建设

学生在初步学习阶段以模仿课程内容为主,了解有关舞蹈和"绳"元素的知识与文化;在社团互动教学阶段以实践表演体验为主,愉快参与合作演绎,培养对舞蹈和"绳"的兴趣。课程学习结束之后,学生基本能了解自己对"绳舞"是否具有兴趣,教师和家长也能了解哪些学生具有这方面的学习天赋,为学校美育特色创建、绳舞特色项目建设起到了人才选拔保障性作用,也对有绳舞特色建设意向的学校具有比较实际的机制借鉴作用。

【课程评价实施建议】

一、评价的原则

（一）遵循兴趣化教育原则

鼓励对舞蹈感兴趣、有一定舞蹈基础和舞蹈功底的学生都能参与到绳舞的学习中来。

（二）遵循家校互动原则

鼓励家长参与孩子在家的自主练习,可通过亲子共学、合作等方式开展课

程的练习与提升,以达到客观评价家校共同普及美育的成效。

(三) 遵循线上线下融合原则

鼓励符合条件的学生在学校线上线下课程中积极学习、实践绳舞动作,积极参加学校绳舞社团,达到客观评价与提高并重的学习成果。

二、评价的方式

(一) 问卷评价方式

通过问卷调查方式,了解学生对绳舞课程的喜爱程度、学习掌握情况以及在家练习时间等情况。

(二) 现场实践展示

根据视频课程中的相关实践内容,请学生以小组合作的方式进行现场绳舞小组合表演。

三、评价的技术要求

本课程的评价以体现兴趣、能力、价值观融合的素养评价为导向,要体现美育特征的内容,体现协同合作的能力,体现方式便捷的特点。绳舞表现的评价:动作完成准确、到位,动作有美感,表情有感染力,能表现出绳舞小组合的风格韵律特点。伙伴间合作能力的评价:组员间互敬互爱、互帮互助,关爱集体,能积极主动参加绳舞训练和各项艺术实践活动。

四、评价的操作说明

第一步:教师制作调查问卷,以问卷星的方式请学生完成,通过统计汇总数据,了解实际自主练习和学习兴趣等情况。

第二步:在线下社团课程互动教学中,教师采用过程性评价记录方式,了解日常学生通过课堂学习和在家自主练习后所呈现的真实效果,并将评价结果记录于社团的评价体系之中。

第三步:在线下社团互动教学最后一课时,教师采用阶段性评价方式,请学生以生生合作的现场教学成果展示形式进行实践展示,师生互评并记录评价结果。

第四步:教师根据三类评价结果,综合分析给出学生本课程的综合评价结

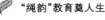

果,以"优秀、良好、合格、须努力"的等第方式或具有学校评价特色的方式记录。

(四)"绳韵"健康课程

增强学生的体质,培养他们健康生活的意识与行为,最终成为一名阳光生活者,是学校教育的最终目的。目前高境科创实验小学开设了"绳舞飞扬""轻松学跳绳""心理健康自助手册"三门健康课程,其中"轻松学跳绳"是"绳舞飞扬"的升级版,已在全区推广共享。"轻松学跳绳"主要是在学校总课程中的体育课、体育活动课和大课间活动,通过班级、年级、全校授课制的形式落实。心理健康课程则主要放在一年级的心理健康课中隔周进行落实。

随着近年来国家对学生体质健康的关注以及上海市教育部门的重视,为了让全校学生积极主动地参与体育锻炼,提高身体素质,促进学生全面发展,体育教师开展了体育活动探索。结合实际情况,学校选择了跳绳运动作为全校性的快乐体育项目。两千多年前人类就已经与绳子结缘,在日常生活或休闲娱乐中,绳子游戏随处可见,如利用绳子的魔术、投绳术、拔河、跳短绳、跳长绳等。跳绳是人们生活中常见的健身项目之一,具有极高的健身价值和游戏娱乐价值。花样跳绳作为身体锻炼的工具和手段,不受人数、季节、年龄的限制,且场地要求小、器材简单、易于操作。跳绳只要一条绳子,一人或多人就可以运动起来;其运动特点是需要全身协调配合,具有较强的节奏感和趣味性,深受青少年儿童的喜爱,是小学体育校本课程开发的优势项目。

在宝山区教育局的支持下,跳绳运动于2010年正式落户高境科创实验小学。经过几年的不断探索实践,高境科创实验小学在跳绳技术以及体育教学方面已取得了骄人的成绩,目前跳绳体育教学水平排在区、市小学体育工作的前列,在全市、全区各大跳绳赛事中成绩骄人,具有很高的知名度。高境科创实验小学对于体育教学的探索不仅仅局限于体育课堂教学,更注重大课间体育活动和课余训练的开展。在不断的摸索中,学校自主创编的集健身、娱乐、表演和竞技于一体的特色跳绳运动已发展成为学生喜爱的特色校本课程,而且深受群众的认可和好评。目前,高境科创实验小学通过跳绳校本课程的开展,已经形成了独树一帜的体育校园文化。

为了满足学校多元化发展的需求,国家先后下发了一系列政策法规,为地方和学校进行课程资源的开发提供了依据和保障。高境科创实验小学积极地进行跳绳校本课程开发可以有效地改善学校现状,有助于学校的特色化,有利于促进教师专业化的发展。在学校中,选择适宜学生身心发展规律的运动项目作为校本课程进行开发,有助于调动学生进行体育锻炼的积极性和主动性,让学生参与并融入校园特色文化氛围,让学生真正享受到运动的乐趣,促进身心健康的发展。由于跳绳运动开展的适应性比较强,有利于学生将跳绳运动带到家庭、带到社区,实现体育向校外延伸。由于在学校中进行体育活动的时间有限,学校体育要尽可能与家庭体育和社区体育进行有效的结合,形成以学校为主、家庭和社区为辅的教育模式,这样有助于学生"每天锻炼一小时",有助于学生终身体育意识的培养。

高境科创实验小学跳绳校本课程的开发与实践对当地以及学校的体育课程的发展起到促进作用。"绳舞飞扬"校本课程的开发有助于学校体育教学内容体系的完善,为校本课程的开发提供可借鉴的素材,有助于特色教育的形成。另外,通过对跳绳教学实践的研究,有助于推动跳绳校本课程的理论建设。

课程实施遵循以下四条原则。

1. 学生健康第一原则

新体育课程标准的核心理念就是要突出健康第一的课程思想,学校紧紧围绕这一课程理念选择内容,课程组织与实施体现了体育课程的主要教育思想,不仅要使学生身体健康,更要使学生身心融合,使学生全面发展。跳绳校本课程的开发正是要让学生在体育教学中感受跳绳运动的趣味性,在不知不觉中参加体育锻炼,让锻炼身体变成一种乐趣,让学习成为享受乐趣的过程,将被动健身变为主动学习。

2. 适应性原则

根据学校和周边环境,合理规划,充分利用空地,合理地使用有限的财力、物力、人力,使每一设施都能发挥尽可能大的作用。根据适应性原则,通过降低跳绳竞技项目的技术环节和运动强度,并结合学校的实际情况进行课程开发;同时进一步开发民间传统跳绳运动资源,以满足学生的运动兴趣,体现校本特色。

3. 特色性原则

充分利用校内外体育资源,根据学校的教育理念和育人目标,以跳绳运动为基础促进体育校本课程的开发,从而形成学校的体育特色。

4. 科学性原则

花样跳绳校本课程的开发与国家和地方课程相互补充、相互衔接,构成科学合理的课程体系。同时,课程内容有利于增强学生的体质,注重培养学生的体育意识和体育锻炼习惯,并确保教学内容的教育性、健身性、科学性和趣味性等。

 案例

"绳舞飞扬"校本课程实施方案

课程名称:绳舞飞扬

学习对象:一、二、三、四、五年级

课程开发背景:《基础教育课程改革纲要(试行)》明确提出"实行国家、地方和学校三级课程管理",并提出开发校本课程。积极利用和开发课程资源是顺利实施课程标准的重要组成部分,因地制宜地开发和利用各种课程资源,可以发挥教育优势,体现课程的弹性和地方特色。课程管理体制的出台,为体育校本课程的开发奠定了基础。跳绳运动作为我国民俗健身运动项目之一,随着社会的发展、时代的进步,频繁地出现在健身馆,特别是在《国家学生体质健康标准》中都设有跳绳项目,可见跳绳教学在整个小学体育课中的地位越来越高,影响也越来越大。为发扬我校的特色优势,使跳绳运动成为我校学生体育锻炼的日常项目,迫切需要开发相应课程。

课程开发理念:通过跳绳促进学生的思维能力的发展,培养学生的创新能力,调动学生的主动性和积极性,唤醒、激活他们富有个性的思维;通过跳绳项目的开展,锻炼学生正视胜败得失的能力,培养学生吃苦耐劳、拼搏向上的精神,让挫折教育渗透进每一个孩子的心灵,使他们逐步学会欣赏他人、正视自我,创造学生之间团结协助的和谐关系;促进学生的生长发育,塑造完美的体形,让他们健康成长;让学生感受花样跳绳优美的动作,倾听美妙的伴奏音乐,让他们在愉悦的环境下得到熏陶,提高其审美能力。花样跳绳还能很好地锻炼一个人的耐力,学校坚持不懈地开展跳绳运动,就在潜移默化间锻炼着学生的耐力。一个有耐力的人,其心理素质也是经得起考验的。"绳舞飞扬"课程在实施中形成了学校特色文化——以绳育人。

课程目标:以学校为基础,以花样跳绳为主线,以学生为中心,教师及家长参与其中,培养热爱生活、积极进取、探索创新、具有爱国主义精神的学生。

课程内容:

第一章:跳绳的起源和发展

第二章:跳绳的锻炼价值

第三章:跳绳的注意事项及建议

第四章:花样跳绳课程内容

第一单元:跳绳的正确姿势及竹节绳的使用方法

第二单元:个人花样

第三单元:车轮跳

第四单元:交互绳

第五单元:网绳

课程实施:利用学校拓展课中的体育活动课。

各年级课程内容及课时(年度)分布情况如下:

年级	个人花样	双人花样	交互绳	网绳
一年级	15课时	15课时	—	—
二年级	15课时	15课时	—	—
三年级	8课时	8课时	8课时	6课时
四年级	8课时	8课时	8课时	6课时
五年级	8课时	8课时	8课时	6课时

课程评价标准如下：

总结性评价考核标准	优秀：学生能掌握教师所教授的所有动作并进行创新，能将所学动作组合成套路并跟着音乐的节奏进行表演；动作标准、协调、优美，衔接连贯，跳得轻松、自然 良好：学生能基本掌握教师所教授的所有动作，能进行简单组合并能跟着音乐的节奏进行表演；动作到位、协调，衔接基本连贯 合格：学生能掌握大多数的花样动作，能将所学花样跟着音乐一个一个进行展示；动作基本到位，失误较少 有待提高：动作缺少节奏和配合，经常失误
评价方法	教师评价与学生组成的评委相结合。

经过一个阶段的实践，我们从自我效能、希望、韧性、乐观四个维度，对学生的积极人格进行实践研究。将学生分成花样跳绳组和非花样跳绳组，同时对各组被试总量表及各维度得分进行独立样本 t 检验，结果表明，除了希望和韧性外，不同运动项目的小学生在总量表及自我效能、乐观得分上均存在显著性差异。花样跳绳组在总量表中和四个维度上的得分均高于非花样跳绳组，这一结果说明，花样跳绳组具有更好的潜在人格魅力（见表 5-2-1）。

表 5 - 2 - 1　不同运动项目小学生积极人格之间的表现特点

维度	花样跳绳组		非花样跳绳组		Sig
	M	SD	M	SD	
自我效能	29.63	4.933	27.51	6.957	0.000**
希望	29.68	5.136	28.98	5.536	0.143
韧性	28.80	5.011	28.27	5.734	0.289
乐观	29.51	4.591	27.61	5.043	0.000**
总计	117.62	16.276	112.37	20.683	0.002**

开展对照研究,学校将对照组学生按实验前、实验后分为两个组,同时对各组被试总量表及各维度得分进行配对样本 t 检验。对照组小学生在总量表和四个维度的得分上都不存在显著性差异,但是随着三个月的教学试验推移,小学生的潜在人格魅力有细微的增长,可以忽略不计。这说明小学生群体在正常的生长过程中,潜在人格魅力增长得不是很明显(见表 5 - 2 - 2)。

表 5 - 2 - 2　对照组实验前后小学生积极人格之间的表现特点

维度	实验前		实验后		Sig
	M	SD	M	SD	
自我效能	28.40	3.851	29.47	2.924	0.404
希望	29.93	3.150	27.80	3.212	0.077
韧性	28.87	2.900	28.40	2.874	0.618
乐观	27.00	2.507	28.67	4.012	0.249
总计	114.20	8.587	114.34	8.147	0.966

对照研究需要重复验证,再将实验组学生同样按照实验前、实验后分为两组,同时对各组被试总量表及各维度得分进行配对样本 t 检验。实验组小学生在总量表和四个维度的得分上均存在显著性差异,实验后实验组小学生在总量表和四个维度上的得分有很明显的提高,说明花样跳绳有助于培养和激励小学生形成积极的人格魅力(见表 5 - 2 - 3)。

表 5-2-3　实验组实验前后小学生积极人格之间的表现特点

维度	实验前		实验后		Sig
	M	SD	M	SD	
自我效能	29.73	4.453	32.25	3.128	0.000**
希望	30.33	4.243	32.22	2.839	0.004**
韧性	29.33	3.350	31.84	3.041	0.000**
乐观	28.82	3.627	30.45	3.731	0.015**
总计	118.21	12.111	126.76	9.035	0.000**

"绳舞飞扬"课程的实施促进了学生对自己身心活动的觉察,充分认识自己的生理状况、心理状况以及自己与他人的关系。在花样跳绳的自助模式和互助模式的相互作用下,学生可以直接领悟到自我认识、自我体验、自我控制的能力,使自我意识不断强化和完善,从而促进形成健全积极的人格。研究通过积极人格的自我效能、希望、韧性、乐观四个维度的监控,发现小学生可以由浅入深,由感性到理性,层层推进,全方位地审视自己,通过自我认识、自我体验、自我控制,帮助激发积极的人格,将潜在的人格魅力充分显性化。通过花样跳绳教学实验的研究,进一步证明了激发和培养健全人格的有效性,尤其在基础教育阶段的积极人格培养的关键期,为学生提供积极人格的培养和激发,能提升基础教育的质量,满足现代化建设的人才需求,减少校园极端事件的发生。所以花样跳绳作为激发小学生积极人格的一种手段,对中国基础教育的发展起到了重要推动作用。

（五）"绳韵"阅读课程

作为上海市中华经典诵写讲基地学校、上海市古诗文阅读推广基地学校和宝山区唯一一所"中华颂·经典诵读行动"试点学校,高境科创实验小学注重经典诵读方面的课题研究,将经典诵读活动渗透到各个学科、各种活动中,形成了中华经典诵读生态化活动形式。

学校从 2011 年就开始了经典诵读试点工作的探索。在经典诵读行动试点的伊始阶段,我们在平时的诵读活动以及与学生的访谈中,深深地感受到学生对古诗词学习向往的同时也带着一种敬畏,主要原因有以下四方面。(1)有些古诗词太难读懂,背起来很吃力。(2)学古诗词比较无聊,一般都是教师带领大家读正确,然后逐句解释一番,最后回家背出、默出,很枯燥。(3)在试点工作中,我们发现许多学生是外地生,虽然有着较强的学习力,但是从小受到的古诗词熏陶不够,加上年龄小,他们对古诗词所表达的意境、情感的体会能力还不强。同时,学生对于怎样根据意境以及作者所想表达的思想感情来诵读古诗的能力也有待进一步培养。(4)教师缺乏引导学生根据意境以及作者所想表达的思想感情来诵读古诗的策略,无法让学生感受吟诵古诗的快乐。

基于以上四点,我们决定在全校开设"经典诗词游乐园"课程,其目的在于弘扬中华优秀传统文化,培养塑造具有丰厚文化底蕴和现代意识的新时代人才,继承和发扬中华民族传统美德。同时,在诵读中开发儿童的记忆潜能、陶冶情操,丰富学校"绳韵"教育的内涵,为学校"绳娃"健全人格的发展与良好性情修养的形成做好奠基。经过多年实践,我们创新形成了深受学生喜欢的古诗词课堂教学"四步递进教学法"。利用周三午会课时间,通过经典诵读讲解课,提升学生的古诗吟诵能力,切实落实经典诵读拓展课。学校两位青年教师参加了教育部组织的"诗教中国"诗词讲解微课大赛,一名教师获得第一届的上海赛区一等奖、全国优胜奖。

我们注重将经典诵读与少先队活动课有机结合。学校青年教师为少先队活动课程教研培训班展示了"诵读经典诗文,做国学'绳童'"少先队活动课。孩子们通过诵读、讲解、书写经典,感受了经典诵读之"乐"、经典诵读之"美"、经典诵读之"益"。这让与会的专家学员体会到经典诵读与少先队活动相结合带来的喜人效果,留下了深刻的印象。

我们的经典诵读活动还与大队部的主题集会、四年级的"永远不变经典诵读"、全校"走进经典,浸润童年"朗读者亲子主题集会等活动有机结合。

在经典诵读拓展课程的实施过程中,我们根据各年段学生的年龄特征、学业水平、学习能力等,在梳理了他们以往所学的古诗词后,为他们"量身定制"——开发了适合他们学习的经典诵读的校本读本。这些古诗主要来源于"中华经典诵读网"上要求小学生背诵的古诗词。我们还开发了与校本教材配套的经典诵读雏鹰争章手册,结合大队部的争章活动开展经典诵读活动,把经典诵读活动常规化。其中,我们开发的高年级段的校本教材还被评为宝山区百门优质课程。

 案例

古 诗 教 学 法

第 一 课 时

(1) 诗人或者同类作品引入环节:提供作者的背景资料或者诗词创作的背景材料,使学生尽快进入今天学习的主题,激发学生学习和诵读经典的兴趣。

(2) 读正确:扫除生字障碍,指名读正确。

(3) 读出诗韵:为诗词标上平仄调,根据平仄原则读出诗词的韵味。

(4) 解词理解诗意:学生提出疑问,通过解词,初步理解古诗词的意思。

(5) 借助想象描绘诗境:通过听老师吟诵或者欣赏音频等展开想象,细细描绘自己仿佛看到的画面,把诗境描绘出来。

(6) 在描绘诗境的过程中,学生已经深深感受到诗情,诵读诗情便是水到渠成。

(7) 总结拓展环节:对本首诗词的写作方法或者诗词中的名句进行总结。拓展学习同一位诗人的其他作品,或者对与本首诗词具有同类题材或主题的作品进行学习。

(8) 练习与评价环节:课后练习旨在引导学生进行欣赏与拓展诗词,并通过评价激发学生学习诵读、积累的兴趣。

第 二 课 时

学生自主诵读、讲解、书写上节课学习的诗词,分组活动,教师指导。这里的讲解是指通过让学生画画古诗、唱唱古诗、跳跳古诗、演演古诗,把古诗的情境编成故事写下来等方式来讲解古诗词。

第 三 课 时

分组上台展示自己诵读、讲解、书写经典的成果,进行评价表彰。

三、"绳韵"教育课程多元评价标准

课程是学生发展的空间,课堂是学生发展的场所,评价是学生发展的动力。高境科创实验小学在推进教学与评价工作中,注重评价的过程性、多元性、特色性,淡化对学生评价的甄别性、标签性,通过教学评的一致性,激励学生的学习兴趣,促进学生健康发展。

(一) 关注日常发展,逐步完善评价

1. 制定学校评价实施指南

评价的目的是有效促进学生的发展。学校改变以往只关注学生成绩的做法,依据课程标准和学生年龄特征,实现将评价重点从重视基础知识与基本技能、过程与方法、情感态度与价值观的三维目标转向培养正确的价值观、必备品格和关键能力的迭代更新。为此,学校教导处结合学校情况,语文、数学、英语三门学科分别制订了课程实施方案,确定了评价内容。

 案例

高境科创实验小学基于课程标准的教学与评价工作实施方案

为进一步贯彻"双新"背景下的《上海市教育委员会关于小学阶段实施基于课程标准的教学与评价工作的意见》,落实宝山区关于推进该工作意见的主要精神,学校教导处本着遵循儿童身心发展规律和教育教学规律,制订了如下实施方案。

一、指导思想

认真贯彻落实"让每个孩子健康快乐地成长"的要求,深化小学课程与教学改革,切实减轻小学生尤其是低年级小学生的学业负担。将基于课程标准的教学与评价工作作为"双新"背景下实施素质教育的重要抓手,深入推进小学阶段课程改革,变革教与学的方式,完善单一片面的评价模式,促进学生全面发展与个性发展。

二、工作目标

深刻领会基于课程标准的教学与评价的实质内涵,全面提高教师准确把握课程标准规定的内容与要求,加强实践研究,积累经验,采用课程标准倡导的教学与评价方式,提高教育教学品质。

三、成立领导小组

组　　长:校长、书记

副组长:副校长

组　　员:教导处、德育室、总务处负责人

四、实施措施

(一)专项管理领导小组

由校长、书记亲自领衔,实时监督管理。

(二)具体分工,明确目标

校长室:拟定基于课程标准的教学与评价推进工作主要思路,组织领导小组培训,领会内涵,提高共识。

教导处:细化基于课程标准的教学与评价推进工作的具体实施办法,组织教研组长、任课教师的培训,加强指导与检查,积累档案资料。

德育室:组织家委会、家长两层面的专题培训,加强对学生行为习惯、学习习惯的教育,梳理要求,家校携手。

(三)积累经验,携手发展

通过阶段性实施探索,学科教研组交流研讨,总结经验,将好的经验推广试行,提高实践研究成效。

五、具体要求

(一)专题培训,转变教师观念

组织全体教师进行专题培训,领会学习适应期、快乐活动日等理论内涵,解读市教委《关于小学阶段实施基于课程标准的教学与评价工作的意见》,深刻领会精神实质,全面提高践行意识。在学习基础上进一步完善各学科教研组各项常规制度。

(二) 认真落实"学习适应期",做好零起点教学

1. 组织学习,统一认识

组织科任教师学习《小学学习适应期工作实施要求》,学习关于"零起点"教学的相关文件精神,达成一年级新生"零起点"教学共识,明确学习适应期中的教学重点,帮助学生熟悉新的学习环境,过好入学关。

2. 专项验收,监督管理

(1) 验收形式:半日视导。

(2) 验收标准:由教导处制定一年级新生关于学习适应期的学习习惯验收标准,由德育室制定一年级学生关于学习适应期的行规习惯验收标准。

(3) 反馈形式:由教导主任作全面总结,在一年级任课教师会议中进行反馈,推广好的做法和经验,提出整改意见。

3. 家校互动,形成合力

(1) 召开家长会议,对家长进行专题培训、指导,使家长正确认识"零起点"教学。

(2) 课堂教学展示,让家长了解学生课堂学习现状。

(3) 家长问卷调查,综合了解学生家校生活现状。

(4) 通过家长参与学生社会实践活动等形式,多角度展现学生的成长面,赢得他们对"基于课程标准的教学与评价"工作的理解和支持。

(三) 加强教学管理,开展实践研究

发挥学科教研组作用,准确把握课程内容和要求;根据课程标准对本校教学制度进行修订完善;各学科组准确制订教学计划。进一步规范教师日常课堂教学行为,学校行政领导和学科分管教导须深入课堂,全面进行随堂听课、参与教研活动,提出具有建设性的意见。

1. 加大校本教研理论学习力度

学期初,各学科分管教导与教研组长要共同制定好围绕课程标准的教学与

评价为主的校本教研学习专题,通过组织学习与专题研讨统一认识。

2. 加大教材研究力度

校本教研活动组织教师共同研读课标,用心研读教材,透彻理解教材,明确各年段要求,落实好基于标准的教学与评价,为实现课堂转型奠定基础。

3. 加大课堂实践研讨力度

(1) 备课前认真学习该年段学科课程标准,基于课程标准设定每单元、每课时的教学目标,细化教学内容。

(2) 以区级教学视导、校教学活动月为契机,具体落实基于课程标准的教学与评价实践研讨活动。通过反复试教、磨课的过程,加快青年教师的专业成长步伐。

(四) 优化评价,关注学生发展

《上海市义务教育课程实施办法》提出深入推进教育评价改革,全面落实新时代教育评价改革要求,改进结果评价,探索增值评价,健全综合评价。

1. 更新评价观念

树立全面发展的质量观和科学的教育评价观,落实综合素质评价,全面考查学生德智体美劳发展的整体水平及进步状况。树立评价促进学习的理念,合理运用评价结果改进教与学。

2. 创新评价方式

注重将结果评价与增值评价、综合评价与特色评价、自我评价与外部评价、线上评价与线下评价相结合。强化基于证据的评价,注重对学生在课堂作业、课后作业、阶段性测验等学习活动中的表现进行观察、记录、分析,关注学校和学生真实发生的进步。促进考试评价与新技术的深度融合,探索全过程、多要素、交互式智能评价。

3. 开展多元评价

各学科教研组须严格按照课程标准要求,对评价的手段进行调整与完善。比如,低年级可以用星级制评价、结合家长评价、借助校园网平台的自主性评价等。以多元化的评价真实记录学生的学习成长过程,有利于学生个性化地健康发展。

4. 规范评价管理

明确小学阶段不进行期中考试或考查,学生学业评价严格实行等第制。小学一、二年级不得进行书面考查;三、四、五年级期末考试仅限语文、数学两门学科,其他学科只进行考查,考查形式可灵活多样。各学科教研组、德育室通过交流与研讨确定各年级段具体可行的评价方式。

六、保障机制

1. 校长、书记领衔的领导小组有多年来深入一线随堂听课的机制保障,能及时发现问题,全局掌控和调控课堂变革现状。

2. 教导主任及各科分管领导都是区级骨干,通过理论讲座、示范教学,最大可能地起到示范引领作用。

3. 课堂实践教学与学校月考核机制挂钩。

2. 开展阶段性评价成常规

为有效落实学生日常学习活动中的阶段性评价工作,学校教导处制定了低年级常态评价机制:教研组确定评价内容—制订评价方案—实施评价活动—形成阶段性评价。教导处落实两次阶段分项评价、一次阶段综合性评价、学科实践性活动评价(低年级采用游园口头评价方式),每个学期教师根据以上系列评价活动再给出每位学生的综合性评价。

3. 多元化评价方式促成长

全校统一采用等第制和评语相结合的评价方式,从基础知识和基本技能的掌握,语言实践活动的参与,以及兴趣、态度和习惯的养成等维度对学生进行全面评价,综合反映学生的学业发展状况。

(二) 融入学校特色,开展表现性评价

近年来,花样跳绳成为学校的特色品牌,学校也确立了"以绳育人,文化立校"的核心价值观,推出了具有学校特色的"争绳结做七彩绳童"行规评价方式,整合了学校德育评价,使学生日常学习生活的评价落到实处。学校还推出了以学科为主的"七彩绳结"。每个科任老师可以用"绳结"奖励学生在课堂中的良好表现,班主任可以用"绳结"奖励行规表现突出的学生,鼓励学生通过日常的课堂学习获取绳结、积累绳结,争当高境科创实验小学全面发展的"七彩绳童"。

为了统一并规范"七彩绳童"的评价机制,教导处组织各学科组撰写评价案例,推出优秀评价范例。教师在日常课堂学习中进行自主评价的落实,整理出的评价办法操作性较强、评价面广。教师的课堂评价得到了较为有效的落实,促进了学生在学习习惯、学习兴趣等方面积极正面的发展。

这几年,学校在课程研发中取得了一些成果,学校的教学核心工作在紧紧围绕课程开展的各种教育教学系列活动中又激发和加速了更多课程的开发。在课程开发的同时聚焦课堂、深度研修,通过推进各类课程的教学与评价工作,促使每一位师生共同获得成长。

第六章

五育融合的"绳韵"教育课堂实践

课堂是学校教育的主阵地,是学生学习和成长的重要场所。实践"绳韵"教育,课堂是主要渠道和途径。小学课堂涉及的学科包括语文、数学、艺术、英语、道德与法治、体育与健康等,还涉及科学教育、劳动教育、综合实践活动等。在高境科创实验小学,课堂教学要求必须贯彻"绳韵"教育基本理念,让学生生动、活泼、有个性地发展。每一节课都要立足核心素养的培养、学生学习基础与发展需要和学校的特色追求,坚持以学生学习为中心,教师主导、学生主体,师生合作,做中教、做中学,教学做合一。"绳韵"教育鼓励教师充分应用现代信息技术,积极探索项目化学习、问题化学习等现代教学经验,打造民主、宽容、愉悦的教学环境,使课堂成为学生思考、交流和展现自我的园地,成为"遇见更好的自己"的舞台。

第一节　花样跳绳特色项目课堂实施

为了把花样跳绳活动落到实处,学校从每周五节体育课中安排一节体育课作为花样跳绳的专项课,教授学生花样跳绳的基本技能,为学生的花样跳绳打下扎实基础。学校利用每周的体育活动课巩固学生专项课中所学的基本技能,拓展和延伸专项课中的学习内容。同时,学校还利用每天的大课间,让学生通过集体活动巩固专项课和活动课中学习的技能,提升花样跳绳的能力。

学校通过每周一节花样跳绳专项课、每周两节花样跳绳活动课和每天两次全校大课间活动,以班级授课制、年级授课制、全校授课制的三级授课实施路径,进行"绳舞飞扬"课程的普及与实施。

一、花样跳绳专项课——技能学习,夯实基础

每周一节的花样跳绳专项课主要通过班级授课的形式让学生学会花样跳绳的一些基本技能,一般采用"四步四定"模式(见图 6-1-1)。

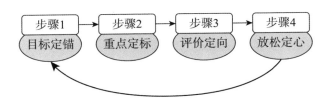

图 6-1-1　花样跳绳"四步四定"模式

（一）目标定锚

这一步主要是基于体育课程的运动能力、健康行为、体育品德的核心素养,根据基本学情因地制宜地设计相对应的教学目标,让学生掌握花样跳绳的动作要领,建立正确的动作概念,协调自然地完成动作,以此来激发学生的学习兴趣,提升肢体协调性和对音乐节奏律动的领悟能力,并能积极主动地做到互帮

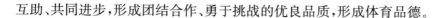

互助、共同进步,形成团结合作、勇于挑战的优良品质,形成体育品德。

（二）重点定标

这一步主要是找出教材重难点,设计合理的教学手段,有针对性地突破。教师在课上引导学生进行花样跳绳动作节奏感和规范性的练习,可以运用通俗易懂的口诀简化动作重难点。例如,利用"侧打向上不向外,手腕转动肩不动"来阐述"侧打"动作的重难点,学生更容易理解掌握,降低了动作难度,让学习过程更轻松。然后学生分小组练习,小伙伴团结合作、互帮互助。当学生学会了花样跳绳的本领后,鼓舞他们大胆创新、勇于突破自我,在课的中间部分采用展示的形式,提供相互交流学习的平台。通过小组创想、切磋以及拓展延伸活动,进一步巩固和提高花样跳绳水平。

（三）评价定向

这一步主要是通过师生互评,学会评价自我和伙伴。通过师生之间的互动交流评价,进一步加深师生之间的感情,并用"绳结"奖励课上表现优异的学生,提升其自信心和自我认可能力,也让学生学会从动作技能层面评价自己和他人。例如,进行表演赛时,动作是否有张力,脸上是否带笑容,花样动作做得是否规范,动作卡点是否能贴合音乐节奏等。学生评价队友的同时,对自己也起到了整改作用,加深了对动作的理解和鉴赏能力,为今后的创新编排打下良好的基础。

（四）放松定心

这一步主要是在整节课的结束部分,让学生身心充分放松,为下节课的教学做好铺垫。锻炼之后的放松可缓解肢体疲劳和课上紧张的情绪。专项课一般采用小组放松的形式,如组织学生两人一组,相互敲背、按摩小腿肌肉等,或使用泡沫轴在肌肉酸痛部位滚动,缓解肌肉酸痛。在舒缓音乐的伴奏下,不仅能让紧绷的心情变得愉悦,也能让疲惫的身体得到充分放松,同时还体验到达成目标后的成功以及带来的轻松愉悦感。

案例

《花样跳绳——节奏跳》教学设计

高境科创实验小学　刘宛灵

一、指导思想

本课教学设计主要围绕《义务教育体育与健康课程标准(2022年版)》和"小学体育兴趣化"的指导思想,依据三年级学生的身心发展特点,并结合"教会、勤练、常赛"的原则,采取情景化、游戏化、循环练习化的教学方法,充分发挥教师的主导性和学生的主体性,制订出符合学生身心健康发展的教学方案。通过依托运动能力、健康行为、体育品德三个维度因地制宜地设计相对应的教学目标,让学生掌握花样跳绳——节奏跳的动作要领,建立正确的动作概念,协调自然地完成动作,以此来激发学生的学习兴趣,提升肢体协调性和对音乐节奏律动的领悟能力。本课旨在打造出一节体现健康、快乐、主观能动的学习课堂,注重情感的激发,构建民主、轻松、自由的良好学习氛围,并能做到互帮互助、共同进步,形成团结合作、勇于创新、大胆挑战的优良品质,潜移默化地塑造优良体育品德。

二、教学目标

1. 运动能力:基本掌握连续节奏跳的动作方法,能配合音乐完成快慢不一、强弱不等的节奏跳,掌握有效把控音乐节奏切换时机的本领。

2. 健康行为:发展学生的下肢力量,提高身体协调性,塑造良好的身体形态,增强生活自信心,形成热爱锻炼的好习惯。

3. 体育品德:在节奏跳练习和跳绳游戏中,培养学生互帮互助的精神品质和团结合作的意识。

三、教学重难点

重点:上下肢协调配合,掌握两弹一跳和一弹一跳切换的技能。

难点:配合音乐后,使跳绳有节奏,表情自然放松,身体姿态自信大方。

四、学情分析

学生在一、二年级学习了多种两弹一跳的节奏技能,如两弹一跳的并脚跳,交叉跳的两弹一跳动作技能等,当升至三年级时,学生对跳绳已具备一定的技术基础和运动能力。

三年级学生肌肉力量和协调性较差,但想象创造力丰富,学习兴趣易激发。本课结合新课程标准的理念,根据三年级学生的身心特点,将跳绳教材游戏化,培养学生练习的积极性。针对学生的个体差异,采用分层次教学和小组合作的方法,满足学生的不同需求,确保每个学生都受益,通过游戏提高团结、协作、竞争以及群体意识和集体荣誉感,使学生得到全面发展。

五、教学过程

教学环节	教师活动	学生活动
步骤一:目标定锚 环节1:播放国内外优秀"节奏跳"表演视频,导入主教材,并确定本课教学目标,做到目标定锚 注:通过各种学习资源和App挑选出优秀的花样跳绳表演视频进行分类,单独列出和节奏跳相关的视频,截取优秀片段,做成视频集锦,在上课开始时进行"视频赏析"(利用信息数字化手段,增进教学直观性和趣味性,有效提高学生学习兴趣)	1. 营造情境"小动物跳绳锦标赛"导入主课 2. 播放花样跳绳——节奏跳大型表演赛视频,在学生观赏之后进行点评,切入主教材内容 3. 教师设置"帮助合作、创意创新、获胜一局、你进步了"四个维度的评价标准	1. 认真观看视频,积极思考总结 2. 大胆向老师提出问题,在教师解答环节仔细琢磨,并运用到后续的学习中
环节2:热身活动 AR"智勇大冲关"(播放AR视频) 注:此环节采用的是沉浸式体验AR小游戏,使课堂热身更具有趣味性	1. 教师提出热身要求,提醒学生在安全第一的前提下勇敢体验 2. 组织学生根据视频中情境的变换做出快速反应 3. 利用鼓励性语言激励学生	1. 积极投入,动作到位 2. 大胆尝试,紧跟视频提示做出快速反应
步骤二:重点定标 环节3:听鼓点音乐,分辨两弹一跳和一弹一跳 注:教师播放一段节奏清晰的鼓点音频,然后让学生分辨音乐节奏	1. 教师播放音频,引导学生听音频回答问题 2. 学生给出自己的答案后,教师进行解答评析	1. 学生注意力集中,专心倾听音乐节奏,认真思考 2. 大胆回答问题,勇于质疑

（续表）

教学环节	教师活动	学生活动
环节4:听鼓点音乐节奏跳 注:组织学生进行多样化"节奏跳"练习 双脚节奏练习 双手节奏练习 手脚并用节奏练习 单手持绳节奏跳练习 双手持绳节奏跳练习	1.教师提示学生节奏跳的动作方法,特别强调动作重点:把控音乐节拍,找到节奏并做到卡准节拍 2.引导学生立足动作重点,目标明确地练习,并组织学生进行由易到难、循序渐进的节奏练习	1.学生积极参与学习,注意节奏快慢切换,把控鼓点重音节奏 2.学生做到摇跳配合、节奏感强
步骤三:评价定向 环节5:"玩转"节奏创编 注:将学生分成7人一组进行节奏跳创编,教师播放一首新的节奏音频。学生通过自己的思考和老师的指导建议,大胆尝试,积极创编	1.教师引导学生依据两弹一跳和一弹一跳尝试创编 2.教师巡视指导,给出客观、有针对性的评价,通过评价的方式,启发学生创编,使创编思路更有方向	1.依据两弹一跳和一弹一跳,加入自己的理解,大胆思考,勇敢创新花样跳绳——节奏跳的动作 2.创编富有自身风格,紧跟音乐节奏 3.动作协调连贯、有活力 4.和小伙伴做到互帮互助,共同进步
环节6:"炫彩大舞台"展示创编 注:在点评时根据"帮助合作、创意创新、获胜一局、你进步了"四个维度给出多元化评价,对学生进行全方位肯定,利用鼓励式教学法激发学生的潜能	1.随机抽选小组进行展示,鼓励学生勇敢尝试,自信地在同学面前展示自己 2.教师根据学生的学练水平、进步程度以及帮助他人的情况进行评价 3.用"绳结"奖励表现优异的学生	1.动作有张力,面带笑容,动作规范,卡点能贴合音乐节奏 2.勇敢自信地展示自我 3.客观主动地评价自己和小伙伴
步骤四:放松定心 环节7:放松小结 注:播放舒缓音乐,跟随音乐节奏做优雅缓慢的放松动作,学生认真模仿教师的动作,呼吸跟随舒缓的音乐放慢	1.教师引导学生大胆模仿,一起参与放松 2.运用语言提示学生深呼吸,心率逐渐降低,真正做到身体和心理充分放松,达到"定心"的效果	1.跟随老师的示范进行身心放松 2.动作舒展大方 3.让课堂中快速运转的肌肉和大脑恢复最初松弛的状态

花样跳绳专项课主要通过灵活运用绳的多样性,不断鼓励学生自主练习,大胆表演展示,在轻松的教学氛围中达到活跃身心、增强体质的目的,提高互帮互助意识和自我健身能力,逐步形成团结合作、不怕困难的优良品质。

二、花样跳绳体育活动课——技能巩固,丰富体验

每周两节的花样跳绳活动课,充分发挥年级授课形式的优势,通过体育教师与班级任课教师的协同互助作用,对年级花样跳绳专项课的内容进行巩固学练与拓展延伸。一般采用以下四种形式。

(一)基本技能巩固式

体育教师根据每个年级本周学习的花样跳绳基本技能中的内容让学生复习巩固,着重进行难点处的分步讲解与练习巩固。例如:学生学习交叉跳后,体育教师带领学生从徒手练习到持绳训练,让学生知道交叉跳的动作——双手交叉于体前,手腕转动,协调用力。班级任课教师则协同帮助纠正学生的动作。

(二)友伴互动合作式

学生应该是学习的主体,相互间进行友伴互助学习,可以是两人面对面互相学习、纠错评价式的,也可以是小组接力展示式的,还可以是学生"小导师"式的。通过友伴间的互动合作评价,学生既巩固了花样跳绳的基本技能,提升动作完成的质量,也学会了正确审视自我,合理评价他人。

(三)分层梯队训练式

根据同一年级学生的个体差异进行分层梯队训练,学生通过自我评价、互动评价与教师评价推举出每周的"达人绳童"和"进取绳童"。"达人绳童"由一部分已经熟练掌握跳绳技能的学生构成,体育教师组织"达人绳童"进行提高式训练或花样创编;"进取绳童"则是由一部分还没有完全掌握跳绳技能的学生构成,任课教师组织"进取绳童"进行基本技能的训练,学生一旦掌握了跳绳技能即可直接加入"达人绳童"队伍。分层梯队训练的方式既有效帮助学生掌握了跳绳基本技能,同时也培养了学生的拼搏进取精神。

（四）团体花样教学式

即在学生已掌握部分花样跳绳技能的基础上,融入音乐、舞蹈、武术等元素,进行小型团体花样跳绳教学。小型团体花样跳绳的创编基本以学生近期学习的技能为主,这样既能提高学生学习的兴趣,又能巩固近阶段所学技能,同时也为后续全校大课间活动的开展奠定基础。

评选出的优秀一绳多玩套路,可以在之后的活动课中进行全班或全年级的共同学练和展演,为丰富大课间活动内容打下基础。

活动课在强化课堂内容、常练常赛的同时,给学生一个属于自己的舞台,大胆思考,勇敢创新,把所学的知识活学活用并能自信展示,激发学生的兴趣,使学生真正成为自主学习的主人,爱上体育,爱上跳绳。

 案例

《一绳多玩》教学设计

高境科创实验小学　刘宛灵

一、指导思想

本课重视学生的主体地位,关注学生的差异发展,激发学生的体育兴趣,促进学生全面而有个性地发展,为学生提供丰富多样的活动内容,促进学生自主学习能力的形成。学生在轻松愉快的活动氛围中达成教学目标,巩固两人一绳的动作方法和活动技能,培养学生从小树立"健康第一"的意识是本次教学的设计理念。

二、教学目标

1. 巩固两人一绳的动作要领,尝试创编多种一绳多玩的花样动作,提升跳绳的兴趣。

2. 在创编两人一绳和多人一绳动作的过程中,发展创新思维,提升灵敏、协调、柔韧等身体素质,增强上下肢力量,促进综合素质的发展。

3. 培养团队合作意识,增强与他人交往的能力,在互相评价和自评的过程中对自己有正确认识,正确看待优缺点,提升社会适应能力,敢于在集体中展示自我,大胆表现,勇于创新。

三、教学重难点

重点:巩固学练花样跳绳基本动作,尝试合作创编,发展创新意识。

难点:合作创编一绳多玩的花样动作,创编动作新颖,团队配合默契。

四、学情分析

小学三年级学生对跳绳已具备一定的技术基础和运动能力。学生在一年级和二年级第一学期学习了多种个人花样动作,以及多人合作内容,如双摇跳、交叉跳、车轮跳、绕八字跳等。

基于校本教材《轻松学跳绳》内容,三年级学生在本学期体育课堂中学习了两人一绳的基本动作(基本跳、并肩跳和轮流跳),进行两人一绳创编,并能用两人一绳进行游戏,在学习和游戏过程中去探讨、理解、发现、创造。在花样跳绳活动课中,学生进行课堂内容的巩固学练与拓展延伸,为大课间活动做准备。

五、教学过程

第 一 课 时

教学环节	教师活动	学生活动
环节1:热身游戏——魔力圈圈 规则: 1. 学生散点站立,围成几个又大又圆的圈 2. 音乐响起后,在圈外依次进行跳动(青蛙跳、单脚跳、弓步跳),至少经过3个圈 3. 音乐停止后迅速站到圈内(适当减少圈的数量,考验学生的反应速度,提升学生兴趣)	1. 讲解游戏规则和方法 2. 组织学生进行游戏	1. 认真听讲,观察老师的示范 2. 积极参与游戏,遵守纪律,做到动作标准、反应迅速

（续表）

教学环节	教师活动	学生活动
环节2:复习两人一绳的三个动作 ① 两人一绳基本跳 ② 并肩跳 ③ 轮流跳 此环节采用的是"基本技能巩固式",巩固学生在专项课上学习的花样跳绳的基本动作	1. 集体练习动作,并强调动作要领 2. 组织学生自主练习 3. 班主任巡视指导,根据自评情况调整学生站位	学生分组进行每个动作8个八拍的学练,并完成自评(失误3次以内的为"学习扎实小绳童",失误5次以内为"再接再厉小绳童",失误5次以上的为"有待提高小绳童")
环节3:结对练习两人一绳 此环节通过"友伴互动合作式",引导学生完善花样跳绳基本动作完成的质量,学会正确审视自我、合理评价他人	引导学生小组间友伴互助	小组之间两两交流协作,指出练习中的问题,解决问题,互相评价
环节4:分层学练——"有待提高小绳童"继续学习两人一绳基本动作 用"分层梯队训练式"的组织形式,教师给予有待提高的学生练习巩固的时间,从细节着手进行指导,让学生循序渐进地提高动作的完成质量,感受到学习花样跳绳的快乐	1. 根据自评进行大组分类,安排不同的活动内容 2. 班级任课教师进行针对性指导	1. 学生分组参与不同活动 2. "有待提高小绳童":在掌握节奏、把握绳时机、提高手脚协调性方面多加练习
环节5:分层学练——"再接再厉小绳童""学习扎实小绳童"进行两人一绳2个八拍的创编 学有余力的学生在"分层梯队训练式"中,通过自己的思考和教师的指导建议,积极创编	1. 体育教师巡视指导,启发学生创编 2. 鼓励优秀小组进行展示 3. 班级任课教师根据学生的学练水平、进步程度以及帮助他人的情况进行评价,选出"达人绳童"和"进取绳童"的候选人	1. "再接再厉小绳童""学习扎实小绳童":大胆思考,勇敢创新两人一绳动作 2. 学生自信展示自我 3. 一起参与本节活动课的奖项评定

三、全校大课间活动——技能运用，提升体质

每天两次的全校大课间活动是学生通过集体运动提升体质的主要途径之一，是对花样跳绳专项课与花样跳绳活动课的巩固与展示。在具体细节上，大致包括了以下五个环节。

（一）趣味绳操，唤醒身体

学校自编绳操代替传统的徒手操，学生在欢快的绳操音乐中，通过一根小小的绳儿自信地展示自我，同时唤醒身体各部分机能，起到良好的热身效果。

（二）短绳花样，秀出自我

在体育教师的节奏和动作提示下，学生根据旋律多变的音乐来复习巩固单人花样的基本动作与多人花样的基本动作。全校教师融入活动，呈现出师生自由互动、共同体验跳绳乐趣的和谐之景。

（三）长绳花样，同心协力

采用较为平和的音乐，学生以班级为单位分男、女两部分进行长绳绕 8 字形的自主练习。长绳绕 8 字注重团队成员内节奏的一致和默契，可以通过班级之间男女生分别竞赛的方式，在增强学生体质的同时，激发学生的集体荣誉感。

（四）速跳练习，激发潜能

选择用节奏轻快的音乐作为背景，采用集体练习的形式进行一分钟速度跳，学生可根据自身能力选择单摇或者双摇。体育教师讲解对摇绳节奏控制和与呼吸巧妙配合的方法，引导学生努力保持稳定的情绪以减少速度跳的失误次数，激发学生的跳绳潜能。

（五）情境放松，愉悦自我

在柔和的音乐中，学生调整呼吸、整理绳具、恢复队形，在教师创设的情境中完成放松操，愉悦地进入后面的学习。

第二节　智慧体育赋能体育课堂教学

人工智能、大数据、物联网等现代信息技术为教育发展带来新的挑战与机遇。信息技术既对人才培养提出了新要求,也为教育理念、育人方式、教育教学技术与方法改革提供技术支撑。人工智能通过机器进行深度学习,可以大量识别和记忆已有知识,完全可以替代甚至超越那些通过死记硬背、大量做题而掌握知识的人脑。未来的人工智能会让我们的知识型教育优势荡然无存。① 随着人类社会整体迈入信息社会,大规模标准化的教育体系已经不能满足社会需求,个性化教育成为信息社会教育的新方向。大数据与人工智能相结合,将更好地实现智能化应用,可能对教育教学各个环节产生变革性影响。"懂得大数据,用好大数据",将是数字经济时代对人的基本素养和能力需求。② 可见,信息社会的到来将会要求人才有更高的信息素养,也会产生新的教育教学理念和新的教育教学方式方法。今天的智慧校园、智慧教育、自适应学习等,已经渐露未来教育的雏形。新优质学校要积极响应教育部《教育信息化 2.0 行动计划》的要求,促进教育信息化从融合应用向创新发展的高阶演进,全面提升师生信息素养,推动从技术应用向能力素质拓展,以教育信息化推动学校教育质量提升。

基础教育阶段是帮助学生"扣好人生第一粒扣子"的关键时期。习近平总书记提出,要发展素质教育,推进教育公平,促进学生德智体美劳全面发展。在国家要求大力发展智慧体育的背景之下,"围绕五育并举,推动智慧体育发展"既是现代化国家对人的综合素质要求,也是现代化教育要达到的目标。

为推进五育并举,构建智慧体育新模式,高境科创实验小学以五育融合背景下的智慧体育课堂教学效益提高为要求,促进体育教师专业成长,持续提升

---

① 参见 2020 年钱颖一在《参事讲堂》上的"创新人才教育"主题演讲。
② 沈阳,田浩,曾海军.大数据时代的教育:若干认识与思考——访中国科学院院士梅宏教授[J].电化教育研究,2020(7):5-10.

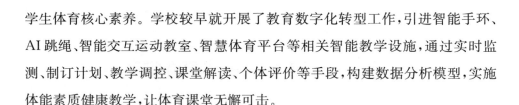

学生体育核心素养。学校较早就开展了教育数字化转型工作,引进智能手环、AI跳绳、智能交互运动教室、智慧体育平台等相关智能教学设施,通过实时监测、制订计划、教学调控、课堂解读、个体评价等手段,构建数据分析模型,实施体能素质健康教学,让体育课堂无懈可击。

一、智慧体育平台——提供实时监控

智慧体育平台作为学校教学管理工具和评估依据,与传统纸质的教研方式有所区别。教师可以在智慧体育平台上进行教学计划调整、历史课堂回顾、教学评估等教研活动,如查看学生上课积极性、知识掌握度、布置作业、日常作业完成及练习情况等。与此同时,学校管理者和教师通过智慧平台,可以查看学生的运动数据,包括各班级、各学生的运动时长、心率、运动消耗等信息,全面了解班级和学校的体育活动情况,同时监测"校园运动一小时"政策的落实情况。此外,学生的肥胖、营养不良、体姿异常等体质健康问题,也可以通过关注平台数据进行把控和处理,以提高全校学生身体素质和健康水平。智慧体育平台为学校的教学管理提供了有力的支撑。

学校围绕五育并举,通过数字化转型项目,将AI跳绳、智能手环等高科技手段融入体育教学、训练和考评中,用科技推进数字体育学科体系建设。未来,学校将持续立足学生的体能素质、体育精神、心理状况、饮食健康等进行综合评价和建议,契合体育学科服务精神,推进学校智慧体育改革与蓬勃发展。

二、智慧体育教学——实现精准分析

(一)课前准备,根据数据调整教学计划

区别于传统的纸质教研方式,现在的体育学科教研活动可以在智慧体育平台上进行。上课前,体育教师可以先通过平台查看学生在历次课堂中的数据表现,同时,借助平台提供的数据分析工具,教师能够快速、全面地了解学生在课堂中的表现情况,如参与度、理解能力、运动技能等方面的数据,并根据这些数

据制订相应的教学计划或调整既定的教学计划,以更好地满足学生的需求,提高教学质量。

此外,在调整教学计划时,体育教师可以根据平台提供的数据,评估该班级的课堂运动负荷,有针对性地调整课程内容,灵活安排教学方式,如加强某项技能训练、适当增加某些活动环节等,基于课标要求,来达到体育课程最佳运动效果和教育目的。

（二）课中心率监控,保证实时课堂效果

课堂上,每个学生都会佩戴运动手环,手环可以自动采集学生的心率。教师在课堂中可以随时通过大屏幕查看全班学生跳绳等各项运动数据以及学生的心率数据,实时了解学生身体负荷情况。体育教师可以根据实时的心率数据及时调整上课的节奏,如训练强度、训练时长、动作难度等,避免运动风险,保证课堂效果。

与此同时,学生在跳绳等运动中获得的分数会通过大屏幕展示给全班同学,以此来激励学生取得更好的成绩。这种数据可视化的方式能够更直观地展示学生的表现,从而激发他们产生兴趣和动力。此外,教师在教学过程中,还可以通过奖励机制、鼓励话术等方式,更好地提升学生的参与度和积极性,增强学生的比赛意识,营造出活跃热烈的课堂体育运动氛围。

（三）课后建立数据档案,教学评估精准化

课程结束后,教师可以通过智慧平台建立的学生数据档案进行体育教学评估。在平台上,教师可以清晰直观地看到每个学生的数字画像,包括视力屈光、国家体测等多种信息。基于这些数据的分析比对,教师能够更全面地了解学生的身体素质、运动能力以及心理状态,并根据这些信息制订出更具个性化的教学方案。一旦发现学生有严重的健康问题,教师也能及时地、有针对性地开展体育训练或进行相关干预,为学生的健康成长提供有力支持,实现精准教学、个性教学。

同时,教师还可以对学生的学习表现进行科学、客观、细致的评估,包括上课积极性、知识掌握度、日常作业完成及练习情况等,根据这些数据对学生个体提供精准化的指导,也能够有效地提升整个班级甚至整个学校的体育教学水平。对比以往一沓厚厚的纸质档案,在体育教学工作中,学生电子数据档案和报告对体育教师进行体育教学评估产生了极大的帮助。

智能化技术的应用,不仅可以给学习者提供更加自适应性的反馈,还可以支持教师监控和介入学习者的学习过程。自动化分析技术可以根据所探测到的不同情绪,策略性地选择学习支架,为学生下一步的学习决策提供关键性缺失的信息和精准的指引。人工智能和大数据技术可以充分挖掘学生的学情数据,为学生精准化推荐学习资源,实现有的放矢、因材施教,使个性化学习和减负增效得以实现。

三、智慧体育管理——提高运动成效

2007 年 5 月,中共中央、国务院印发的《关于加强青少年体育增强青少年体质的意见》中指出,确保学生每天锻炼一小时。中小学要认真执行国家课程标准,保质保量上好体育课。学校必须在下午课后组织学生进行一小时集体体育锻炼并将其列入教学计划;全面实行大课间体育活动制度,每天上午统一安排 25—30 分钟的大课间体育活动,认真组织学生做好广播体操、开展集体体育活动。

（一）严格落实校园运动一小时

通过对智慧平台上的运动数据进行监测,学校领导和体育教师可以更加科学地评估校园运动一小时政策的执行情况,及时采取措施调整相关运动项目,确保学生每天都能够达到规定的运动时间,并提高身体素质和健康水平。此外,还可以通过与其他学校的数据进行比较和交流,分享成功经验和实践经验,不断提升学校的教育教学水平和体育运动水平。

（二）校园竞赛激发学生运动兴趣

学校通过智慧平台将学生跳绳等运动数据实时更新至大屏幕,并形成个人

和班级的运动成绩排行榜。这让学生和教师能够更直观地了解自己和他人的运动成果,鼓励全校师生积极参与跳绳等体育活动,增强师生参与运动的积极性,提高全校师生身体素质和健康水平。

此外,为更好地引导学生积极参与运动,教师还通过智慧平台设立了各种运动项目、PK 竞赛和活动,通过奖励机制、公示等多种不同的激励方式,对学生给予认可和鼓励,进而促使他们更加积极地投入体育运动中。例如,学校每日开展班级之间的运动比拼活动,不仅增强了班级的荣誉感、团结感,还做到了以赛促练,培养学生主动参与体育活动的意识,使得"常赛"贯穿于体育课堂,通过全天的运动数据展现出来。

（三） 齐抓共管,防控"小胖墩"

针对校园"小胖墩"问题,教师可以通过智慧平台数据进行把控和处理。随着学生运动量的降低,肥胖率逐渐上升。基于平台给出的数据,教师将对当下学生的身体状况及当前运动情况进行评估,制订并调整运动计划,包括运动项目和运动强度等,以达到更好的健康效果,形成健康的运动习惯,提高学生身体素质,保证学生身心健康,同时也可以减少肥胖等问题的发生。

（四） 建立健全学生视力健康档案,有效防控校园近视

学校在智慧平台上建立了视力档案,对学生视力情况进行定期检查,记录学生的视力情况、验光报告、诊断结果等信息。通过这种方式,可以更加精确地了解每个学生的视力健康情况,及时发现并纠正近视和其他视力问题,减少视力伤害。此外,学校还可以据此开展校园近视防控措施,如调整教室的照明、调整黑板或屏幕的大小、保持用眼卫生等,以促进学生视力健康发展。

高境科创实验小学将智慧体育运用在学生体质健康管理中,同时通过智慧跳绳这个载体,增加了学生户外活动时间,学生体质健康得到明显提升。2022年,我校学生的超重率与肥胖率指标比宝山区全区学生体质平均数据低6.88％和7.7％,与此同时,我校学生的近视率近年来也得到有效改善,低于全区平均数据4.9％。我校的教学成果《一根绳的理想——普通学校"以体育人"

创新实践路径的十年探索》获得基础教育国家级教学成果二等奖、上海市基础教育优秀教学成果特等奖。

第三节　跨学科融合打破学科壁垒

跨学科融合是指不同学科之间的相互融合、交叉和整合，以产生新的知识、理论和方法。这种融合可以促进学术创新和科技进步，为人类社会的发展带来更多的机遇和挑战。在当今这个快速发展的时代，跨学科融合也已成为一种趋势。随着科技领域的迭代进步，许多领域的知识已经不再是单一学科所能涵盖的，需要多个学科的交叉和融合才能更好地解决实际问题。为此，教育部 2022 年颁布的义务教育课程方案明确各学科应有 10％的课时实施跨学科教学。

在我们的日常生活中，跨学科融合的例子无处不在。比如，当我们欣赏一首古诗时，我们不仅需要理解诗歌的意境和情感，还需要了解诗人所处的历史背景、文化环境等知识。这样，我们才能更深入地理解诗歌的内涵。又比如，我们在学习生物科学时，不仅需要了解生物体的结构和功能，还需要理解生物与环境之间的关系，这就需要我们运用地理、化学等其他学科的知识。

跨学科融合不仅有助于我们更深入地理解各种学问，还能激发我们的创新思维。当我们把不同学科的知识结合起来时，就可能产生新的想法、新的发现。比如，许多科学家的研究发现，艺术和科学其实是相互启发的。艺术家们通过科学的方法来创作，而科学家们则从艺术中寻找灵感。这种跨学科的融合，既丰富了我们的创作手段，也推动了科学的进步，当然，也在启迪我们学校的学科教学进行变革应对。"绳韵"教育的课堂教学自然也需要诸多回应探索。

在我们的学校教育中，跨学科融合也是一项重要的教育理念。许多学校都开发了跨学科课程，让学生在学习各种学问的同时，也能了解到它们之间的联系。这样的教育方式可以促进不同学科领域之间的交流和合作，产生新的思维方式和研究方法,提高学术水平和创新能力。同时,跨学科融合还可为解决实际问题提供更多的思路和方案,促进科技进步和社会发展。"绳韵"教育课堂教学采取跨学科教学不仅有助于培养学生的综合素质,也有助于培养他们的创新思维。

我们注意到,以"绳韵"教育为主题的跨学科融合教学,有许多需要探索的课题,包括如何打破学科之间的壁垒和隔阂,以综合实践活动为载体,以项目化学习为抓手,促进不同领域之间的交流和合作。综合实践活动是从学生的真实生活和发展需要出发,从生活情境中发现问题,转化为活动主题,通过探究、服务、制作、体验等方式,培养学生综合素质的跨学科实践性课程。同时,学校建立了跨学科的研究团队和平台,为跨学科的研究提供支持和保障。此外,还需要加强跨学科的教育和培训,提高教师的跨学科意识和能力。

总之,跨学科融合是当今时代发展的必然趋势,可以为学术创新和科技进步带来更多的机遇和挑战。我们应该积极借助"绳韵"教育课堂教学的渠道,推动跨学科融合的发展,为人类社会的发展作出更大的贡献。

一、"绳"作文——语文课中的主题探究

基于小学生认知思维与语文学科特点,学校开展了"绳游戏"主题探究学习活动。如"记一次绳游戏",引导学生认识绳,探究绳的起源、故事、诗词、制作等内容。学生分组通过多种途径检索信息,以手抄报、日记、小调查等形式整理资料、组织成文。学生在探究中了解绳文化,提升信息检索和整理能力,强化合作意识。

绳游戏是一种古老而有趣的游戏形式,它不仅可以锻炼学生的身体,还可以培养他们的思维和合作能力。在语文学科中,探究学习是一种重要的学习方式,它可以通过引导学生主动探究问题,来提高他们的学习兴趣和学习能力。

在活动中,我们主要是引导学生认识绳,了解绳的起源、故事、诗词、制作等内容;通过分组探究,培养学生的信息检索和整理能力;通过手抄报、日记、小调查等形式,提高学生的写作能力;通过团队合作,培养学生的合作意识和团队

精神。

在准备阶段,我们首先制订了详细的活动计划,包括活动时间、地点、内容、方式等。然后,我们向学生介绍了活动的目的和意义,并引导他们了解绳的基本知识。同时,我们还为学生提供了必要的探究工具和资料。

在探究阶段,学生分组进行探究活动。他们通过多种途径检索信息,包括图书馆、互联网、博物馆等。在检索信息的过程中,他们不仅了解了绳的起源、故事、诗词、制作等内容,还学会了如何获取和整理信息。同时,我们还要求学生以手抄报、日记、小调查等形式整理资料、组织成文。在这个过程中,学生的写作能力得到了提高。

在分享交流阶段,学生展示了自己的探究成果。他们通过手抄报、日记、小调查等形式展示了绳的起源、故事、诗词、制作等内容。同时,我们还组织了小组讨论会,让学生分享自己的探究经验和收获。在这个过程中,学生不仅加深了对绳文化的了解,还学会了如何与他人交流和分享。

 案例

习作课指导:记一次绳游戏

高境科创实验小学　周雅婷

【教学目标】

1. 按照"游戏前、游戏中、游戏后"的顺序写出绳游戏的过程。

2. 把绳游戏中印象比较深的地方写下来,写出自己的想法和感受。

3. 用修改符号自主修改习作,并把习作誊写清楚。

【教学重点】

按照顺序把游戏过程写清楚,并把绳游戏中印象比较深的地方写下来,写出自己的想法和感受。

【教学难点】

把绳游戏中印象比较深的地方写下来,写出自己的想法和感受。

【教学准备】

教学 PPT、音频资源等。

【课时目标】

1. 对本次习作产生兴趣,按照"游戏前、游戏中、游戏后"的顺序写出绳游戏的过程。

2. 能抓住人物的语言、神态、动作,把绳游戏中印象比较深的地方写下来,写出自己的想法和感受。

【教学过程】

一、谈话导入,揭示课题

1. 师生谈话,选择材料。

同学们,看,老师手里拿的是什么?(绳)对了,这是一根普通的绳子,但它也是我们玩游戏时的好帮手。大家回忆一下,玩什么游戏的时候会需要它的帮忙呢?

2. 学生交流。

预设:花样跳绳、单摇、双摇、拔河……

在你玩过的这么多绳游戏中,哪一项绳游戏印象最深?请同学们先在小组内交流一下自己的想法,再向大家汇报。(小组内交流后全班汇报)

评价:听了同学们的交流,老师发现大家都非常喜欢做绳游戏,不仅介绍了自己印象最深的绳游戏,还能分享做完绳游戏后的想法和感受。今天,咱们就来把你玩过印象最深的绳游戏写下来。

3. 出示题目,齐读:记一次绳游戏。

二、审清题意,明确要求

1. 读一读习作要求,圈出你认为含有重要提示的语句。

2. 指名交流:哪些语句给我们重要提示?

预设:把绳游戏写清楚;写一写自己当时的心情;题目自拟,最好能反映自己的感受。

追问:我们可以按照怎样的顺序来写这次游戏呢?

141

（板书：游戏前　游戏中　游戏后）

三、回忆游戏过程

1. 回忆游戏前做的准备，指名交流。

（1）交流

预设1：听清楚游戏方式和游戏规则。

预设2：分组试一试，热身……

（2）点评

针对绳游戏的特点，事先做好充分的准备，进行必要的热身，不仅有利于完成游戏，而且还能避免在游戏中受伤。

小结：习作提示要求我们写之前先想一想游戏前做过哪些准备。比如，明确做游戏的方式和规则，进行人员分工，做必要的热身运动等。

（板书：游戏前，你做过哪些准备？）

2. 回忆游戏的过程，指名交流。

游戏中做了什么？说了什么？（神态、动作）印象比较深的是什么？

预设：最佩服的人是如何表现的；游戏流程；参加者的表现；发生了有意思的事情。

小结并板书：游戏中，你做了些什么？印象比较深的是什么？

3. 回忆游戏后的感受。

（1）游戏结束，你有什么想法和感受？

预设：成功或失败的经验、启发。

（板书：游戏后，你有什么想法和感受？）

（2）同学们，因为你们做的游戏不一样，所以感受也不同。可即使做的是同一个游戏，游戏结束后，大家肯定也会产生不同的想法和感受，这是因为游戏过程中你们遇到的状况不同。所以接下来就让我们一起来交流一下游戏后各自的想法和感受，以及产生这样的想法和感受的原因。

预设1：由于准备不充分，中途失误，由此知道了游戏前准备要充分。

指导：你被这突如其来的情况惊到了，愣了几秒后继续比赛，这个场景一定让你记忆犹新,所以才会让你产生做任何事情之前,都要做好充分准备的感受。

预设2:由于团结协作,玩游戏获胜,体会到合作的意义。

预设3:起先落后,通过坚持又赶超,体会到了"坚持到底就是胜利"的真正含义。

小结:通过刚才的交流,我们知道了游戏结束后产生的想法、感受与游戏过程中你做了些什么、印象比较深的是什么有关,所以我们要在写之前先想一想游戏结束后自己的想法和感受,然后再仔细回顾让你产生这种想法和感受的原因,这样可以帮助我们写好这篇习作。

四、参考例文,学习借鉴

1. 刚才大家交流了这么多,大家对哪一部分更感兴趣?(游戏中)那我们怎样把这一部分写清楚呢?

2. 小组讨论后交流。

预设:游戏的过程中,参加游戏者的动作、神态、表情、心情。

指导:除了游戏参加者,还可以描写什么?(观众的反应、表现)

3. 回顾例文《陀螺》,借鉴写法。

(1) 回顾《陀螺》一文的内容,思考:作者是怎样围绕获得的启示来写印象深刻的内容的?

(2) 指名交流。

(3) 师:瞧,大家眼中的这只长得不伦不类的小陀螺居然战胜了大陀螺,不仅给作者带来了惊喜,而且还让作者真正体会到了这句古话的含义,这就是作者在游戏后获得的启示。那么作者是怎么获得这一启示的?

(4) 指名读课文的第九、第十自然段,一边听一边想象当时的场景。

师:看,作者通过玩陀螺的游戏体会到了"人不可貌相,海水不可斗量"这句古话的含义,他为什么会获得这样的启示?(那是因为他看到了自己的小陀螺是怎样战胜大陀螺的,而这让他印象深刻。)

小结:所以我们在确定好游戏后,想想这个游戏给我们带来的想法和感受,由此确定游戏中印象深刻的内容,然后详细地把游戏过程中印象深刻的情节、场面等写下来。

五、按要求完成习作

1. 教师结合板书，引导学生总结、提炼写作要点。

（1）游戏前，写明游戏规则，或者做了哪些准备。

（2）游戏中，注意描写自己独特的心情变化；结合自己的所观、所思、所想，抓住人物动作、表情、语言等进行细节描写；尝试运用个体与群体相结合的方法描写游戏场面。

（3）游戏后，可以写写自己的想法和感受。

2. 布置习作并提醒：写好后给自己的习作拟一个题目，这个题目最好能反映自己的感受。

3. 学生完成习作。

设计意图：结合板书，引导学生总结、提炼写作要点，明确写作方向。这有助于学生理解并掌握写作的基本要求和技巧，为后续的写作打下基础。

【板书设计】

记一次绳游戏

游戏前，你做过哪些准备？

游戏中，你做了些什么？印象比较深的是什么？

游戏后，你有什么想法和感受？

通过"绳游戏"主题探究学习活动，学生对绳文化有了更深入的了解和认识。他们不仅了解了绳的起源、制作等内容，还学会了如何获取和整理信息以及如何与他人交流和分享。同时，他们的写作能力和合作意识也得到了提高。我们还把活动延续，让学生去探究更多的与绳相关的知识，用各种不同的形式展现出来，激发了学生的学习兴趣和探究精神，让他们更加积极主动地参与到学习中来。

二、"绳"密码——数学课中的探究行动

结合数学学科特点,以植树、周期、方阵、编码问题为知识基础,融入"绳"文化,开展"结绳密码、结绳规律"探究行动。如结合疫情开展的"结绳为礼,致敬最美逆行者——破译绳结密码感谢语"行动,通过20多种绳结编法自主创编绳结密码表达信息。学生在设计绳结密码过程中,探究属于自己的语言系统,培养科学计数意识,提升思维与动手能力。这节课在全市进行了展示,得到了与会专家好评。

在数学教学中,我们不仅关注知识的传授,更注重培养学生的探究能力和创新精神。为了实现这一目标,我们结合数学学科的特点,开展了一系列有趣的探究行动。其中,"绳"密码行动是一项具有特色和创意的活动。

本次活动分为四个阶段。

一是准备阶段,主要是教师介绍基本概念和探究方法,学生分组并准备相关材料。

二是实践阶段,主要是学生利用所学知识自主创编绳结密码,并在小组内交流分享。教师巡回指导,及时纠正学生的错误。

三是展示阶段,主要是各小组选派代表展示本组的绳结密码作品,并解释其含义和特点。其他小组和教师进行评价和提问。

四是总结阶段,主要是教师对本次探究行动进行总结和评价,强调学生的创新能力和科学计数意识的重要性。同时,鼓励学生继续探索和创新,为未来的学习和生活打下坚实的基础。

通过本次"绳"密码探究行动,学生不仅掌握了编码知识,还培养了创新能力和动手能力。他们通过自主创编绳结密码表达信息,探究属于自己的语言系统,培养了科学计数意识,在团队合作和沟通方面也得到了锻炼和提高。

✎ 案例

《奇妙的绳结之结绳为礼》教学设计

高境科创实验小学　王燕华

一、设计思路

（一）选题说明

（二）学情分析

1. 教材分析

2. 学生学习情况分析

（三）策略选择

（四）资源运用

（五）核心素养发展目标

1. 围绕问题导向，培养科学工程思维。

通过解决"十字标志"的绳结编织问题，引导学生关注设计方案及限制条件的优化设计，培养规划和设计意识，提升工程思维能力。

2. 借助探究过程，整合学科应用表达。

通过对绳结运用的认识，知道基础绳结经过编法的对称、重组、股线的不同，展现出不同的视觉效果，提升应用跨学科知识完成主题表达的能力。

3. 关注动手操作，培养实践物化能力。

按照设计方案，通过动手实践，综合运用所学技能，经历迭代、创意、美化的制作过程，完成物化成果。

4. 注重情感教育，凸显社会责任。

通过小组合作的方式让学生运用所学编绳技法，融入丰富的想象，自由创编独特的绳艺作品，感受传统文化的独特魅力，同时激发学生的社会责任感。

二、教学重难点

1. 小组分工合作根据主题要求，合理设计并制作完成"十字标志"。

2. 体会到做好设计方案对于完成作品的重要性。

三、活动实施过程

活动设计

活动环节	学生行为	教师行为	设计意图	技术支持
回顾交流 揭示课题	（1）观看PPT回顾学习内容 （2）明确课题 （3）展示交流创作构图的内涵和特点	（1）回顾前几节课学习的内容及初步的成果（视频） （2）揭示课题：奇妙的绳结之结绳为礼 （3）各组展示：结绳为礼，为医务工作者献礼的作品创意	回顾引入学习内容，认识结绳为礼的文化内涵，体验到传统文化的魅力和价值	视频 PPT
任务布置 展示设计	（1）观看PPT，找寻共同标志 （2）明确任务一：为作品设计添加十字标志 （3）了解所提供的材料 （4）思考十字标志的位置摆放 （5）完成十字标志设计学习单 （6）根据限制条件，优化设计 （7）实物投影，展示学习单，交流设计稿	（1）引入标志符号：PPT出示医生、护士帽等形象，寻找医务工作者的共同标志——十字标志 （2）提出任务一：为作品设计添加十字标志 （3）介绍材料 （4）提出问题：根据现有的作品，设计十字标志放在什么位置更和谐美观？ （5）十字标志设计学习单讨论并交流：尺寸、数量、颜色、风格等 （6）提出限制条件：如果只给8分钟，按照你的设计能完成制作吗？再次观察图形，思考如何与组员共同完成 组内讨论，完成学习单 （7）反馈评价：设计有什么亮点？能按时做完吗？	培养学生获取、借鉴和交流信息的能力 体会设计在制作实施中的重要性 有一定的规划和设计意识，敢于大胆想象和创意 体验设计制作产品时所需的系统思维和过程	PPT 学习单 实物投影

（续表）

活动环节	学生行为	教师行为	设计意图	技术支持
合作探究 动手制作	（1）明确任务二：制作十字标志 （2）选择材料 （3）合作分工制作 （4）交流制作经验与不足 （5）继续完成作品	（1）提出任务二：制作十字标志 （2）根据学习单的设计，选取所需的线材 （3）开始制作，比一比哪个小组在规定时间内，按照设计方案完成制作 （4）交流反馈，每个小组谈谈制作过程中遇到的困难，反思没有完成的原因 （5）继续制作，完成作品	经历两次制作，反思与改进，对已有认知进行修正并形成新的认知	PPT
学习技能 组合创意	（1）观看PPT，了解绳结的多种组合 （2）明确任务三 （3）讨论交流	（1）PPT展示基础绳结不同的组合方式：编法对称、重组、股线的不同等 （2）提出任务三：绳结组合创意 （3）小组讨论：你的设计还能变出不同纹样、不同造型吗？ 交流各组的想法	通过绳结的不同组合，带来不同的美感和文化寓意，激发学生的创意	PPT
调整美化 完成作品	（1）明确任务四 （2）进一步美化装饰	（1）提出任务四：完成结绳为礼的主题作品 （2）将十字标志放置在设计的位置，并且做装饰与美化	团队有序分工，合作完成任务	PPT
交流展评 教师点评	（1）展示及点评 （2）明确活动意义	（1）各组展示交流 （2）教师总结	分析解释与实践，培养学生的表达交流能力和动手能力	PPT 作品

我们通过开展类似的有创意和特色的探究行动，为学生提供更多的实践机会和挑战，丰富他们的学习体验，培养其创新思维和科学精神，让他们在未来的

学习和生活中更加自信和有创造力。

三、"绳"作品——劳技课中的指尖飞舞

在劳技课中融入"绳编织"项目,旨在让学生通过动手实践,培养其专注力、协调力、想象力和审美力。在欣赏绳结作品、学系绳结方法、组合编制、创意设计的过程中,学生指尖飞舞,享受着编织的乐趣,同时也感知了中华民族文化,树立起民族自豪感。

绳结作品是中国传统文化的重要组成部分,其历史悠久,种类繁多。在劳技课中,教师可以通过展示各种绳结作品,让学生了解其特点、用途和制作方法。学生在欣赏这些精美的绳结作品时,不仅可以感受到中华民族文化的博大精深,还可以激发学生动手实践的兴趣。首先,在劳技课中,教师会教授学生各种常见的绳结方法,如单结、双结、三重结等。学生在学习的过程中,需要耐心细致地掌握每一个步骤,逐渐熟练操作。通过不断练习,学生可以掌握更多的绳结方法,为后续的组合编制和创意设计打下基础。接着,学生需要运用所学的绳结方法,进行组合和创新,进入绳编织的进阶阶段。教师可以引导学生尝试不同的组合方式,如单结与双结的组合、不同颜色和材质的绳子组合等。学生在实践中逐渐发现,不同的组合方式可以产生不同的效果和美感。通过不断尝试和探索,学生可以提高自己的审美能力和创造力。然后,学生需要充分发挥自己的想象力和创造力,设计出独特的绳结作品,进入绳编织的高级阶段。教师可以鼓励学生从生活中寻找灵感,如自然界中的植物、动物等。学生在创意设计中,需要注重色彩搭配、结构比例等方面的问题。通过不断尝试和创新,学生可以创作出独具特色的绳结作品。

在绳编织的过程中,学生需要保持专注力、协调力、想象力和审美力。专注力可以帮助学生保持注意力集中,认真细致地完成每一个步骤;协调力可以帮助学生更好地掌握手部动作和绳子之间的关系;想象力可以帮助学生创作出独特的作品;审美力则可以帮助学生判断作品的美感和价值。通过不断实践和锻炼,学生可以提高自己的这些能力。

案例

奇妙的绳结(节选)

高境科创实验小学　陈燕菲

【教学过程】

一、观赏导入,激发兴趣

1. 出示中国结图片,欣赏中国结之美。

2. 谈话:看完这些漂亮的中国结,你有什么感受?

3. 小结:中国结是我国的传统工艺,有着悠久的历史。每逢春节或者喜庆的日子,人们都会用火红的中国结以及其他结艺饰品来营造欢庆吉祥的气氛。今天,让我们走进"结艺小作坊",一起动手来学一学吧!

二、了解历史,探索新知

1. 结绳小魔术。

(1) 进行系鞋带比赛,看谁系得又快又好看。

(2) 教师展示结绳小魔术。

(3) 以小组为单位,根据步骤图玩玩结绳小魔术。

2. 了解绳结的历史起源:结绳记事。

其实,在人类文字没有发明之前,我们的祖先就知道用绳结来记录发生在身边的事情了。大的事情就给绳子打大的结,小的事情就给绳子打小的结。我们的祖先是不是很有智慧呀?

3. 播放视频,了解中国结文化。

小小的绳结一开始是为了记事,再到后来就慢慢演变成了一种中华传统文化,那就是中国结。我们来看一段视频了解一下。

三、学编绳结,体验乐趣

1. 欣赏绳结作品,了解基本结。

中国结有很多基本结,可以编织成各种美观的作品,我们一起来欣赏一下。

（出示作品并简单讲解）欣赏了那么多作品,你想不想也来编一编?

2. 认识基本结——平结。

我们先来认识一下今天要学习的结——平结。简单介绍单向平结和双向平结。

3. 播放视频,观看学习"小挂饰"的编织方法。

我们今天就要用单向平结来做一个小挂饰。你想把它挂在哪里呢?（实物展示）我们来看看编织的方法吧,认真看,仔细听。

教师总结方法:编、穿、抽、修。

口诀:心要静,气要顺。

看图解,记走向。

三分编,七分调。

分内外,紧外耳。

线平走,不扭转。

4. 两人一组,合作编织。

（1）准备材料和工具。

（2）对照步骤图进行编结,教师巡视指导。

四、展评作品,总结收获

1. 小组代表展示自己组的作品。

2. 学生结合评价表自评、互评。

（运用下列评价工具开展评价）

评价内容	自评	互评
表达自己的观点和想法	☆☆☆	☆☆☆
听取他人的意见和建议	☆☆☆	☆☆☆
按要求完成绳结作品	☆☆☆	☆☆☆
绳结牢固、美观	☆☆☆	☆☆☆

3.教师根据中国结的艺术特征评价学生作品。

4.学生交流编结收获。

5.教师总结。

五、布置作业,课后延伸

通过参与"绳编织"项目,学生可以了解到中国传统文化在世界范围内的独特地位和影响力。在与其他国家的学生交流时,学生可以自豪地展示自己的作品和技艺。这种自豪感不仅可以激发学生的学习热情和创造力,还可以让他们更加自信地面对未来的挑战和机遇。

"绳"作品是一个富有挑战性和乐趣的学习项目。学生可以通过动手实践来培养自己的专注力、协调力、想象力和审美力,同时也可以通过感知中华民族文化来树立民族自豪感和文化自信。

四、"绳"元素——音乐课中的绳舞相融

作为上海市新时代美育项目联盟学校和上海市学校舞蹈联盟校,高境科创实验小学致力于将"绳"元素融入音乐课,让学生更好地感受音乐的节奏和韵律,提升学生的审美素养和综合素质。

节奏练习时,我们利用绳子敲打桌面或地板,让学生感受节奏的变化。通过不同的敲打方式和速度,学生可以更好地理解节奏的概念,学会如何控制自己的节奏。课前律动小舞蹈时,我们以绳为道具,让学生感受舞蹈的形象生动。首先,可以让学生手持绳子,通过不同的摆动方式和力度来感受舞蹈的韵律和美感,更好地理解舞蹈的节奏和表现力。其次,可以让学生将绳子缠绕在自己的身上,通过不同的缠绕方式和位置来感受舞蹈的形态和美感,更好地理解舞蹈的韵律和表现力,学会用自己的身体去表达音乐。最后,可以让学生挥舞绳子,通过不同的挥舞方式和力度来感受舞蹈的力量和美感,进一步理解舞蹈的内涵,学会用自己的身体去表达音乐的情感。我们还可以利用绳子来模拟不同的声音,如风声、雨声等。通过不同的敲打方式和力度,学生可以更好地理解声

音的变化和表现力,学会用自己的声音来表达出不同的情感。

以蒙古族舞蹈为例。在蒙古族舞蹈中,我们以绳为道具,让学生感受蒙古族舞蹈的独特韵味和文化内涵。具体来说,采用了以下几种方式。一是绳子的挥舞。在蒙古族舞蹈中,舞者通常会挥舞长绳或马鞭来表现草原的辽阔和自由。我们让学生模仿舞者的动作,借助不同的绳子挥舞的方式和力度来感受蒙古族舞蹈的力量和美感,理解蒙古族舞蹈的韵律和表现力。二是绳子的旋转。在蒙古族舞蹈中,舞者还会通过旋转绳子来表现草原的旋转和飘逸。我们让学生手持绳子进行旋转练习,感受蒙古族舞蹈的独特韵味和文化内涵。通过不同的旋转方式和速度,学生可以更好地理解蒙古族舞蹈的节奏和表现力。三是绳子的缠绕。在蒙古族舞蹈中,舞者还会将绳子缠绕在自己的身上或搭在肩上以表现草原的宁静和美丽。我们让学生模仿舞者的动作进行练习,感受蒙古族舞蹈的形态和美感。通过不同的缠绕方式和力度,学生可以更好地理解蒙古族舞蹈的韵律和表现力。

 案例

蒙古族风格绳舞小组合的基本动作

高境科创实验小学　胡静雯

一、教学内容

学习蒙古族风格绳舞小组合的基本动作。

二、教学目标

1. 了解蒙古族风格舞蹈的特点,准确掌握绳舞的基本舞步动作,激发对民族风格舞蹈的喜爱之情。

2. 以欣赏体验、模仿学习、难点解决、完整跟跳等多种形式,循序渐进地完成蒙古族风格绳舞小组合相关动作的体验与学习,创造活跃、有趣的绳舞课堂氛围。

3. 在学习绳舞舞步的过程中,能感知并表现出蒙古舞元素的应有的绳韵感和节奏感,并能有美感地进行每个动作的展现。

三、教学重难点

1. 教学重点:学会蒙古族元素的绳舞相关基本舞步,理解蒙古族舞蹈的风格韵律特点。

2. 教学难点:准备表现蒙古舞元素的绳韵、节奏感,有美感地表现每个动作。

四、教学准备

多媒体设备、竹节绳。

五、教学过程

(一) 创设情境,激趣导入

1. 蒙古族舞蹈简介。

(1) 介绍蒙古族舞蹈风格特点。

(2) 欣赏部分蒙古族舞蹈片段。

2. 介绍本课所学内容。

(二) 学习蒙古族风格舞蹈基本动作

分解学习 1 号至 5 号动作。

(1) 按慢速口令分解学习五个动作(各两个八拍)。

(2) 教师讲解动作要点(出示 PPT)。

(3) 按正常节奏口令,师生共同示范动作。

(三) 学习"绳"元素基本动作

分解学习"绳"元素相关动作(步伐、侧打、放绳、缠绕)

(1) 按慢速口令分解学习四个"绳"元素动作(各两个八拍)。

(2) 教师讲解动作要点(出示 PPT)。

(3) 按正常节奏口令,师生共同示范动作。

(四) 教师总结

将"绳"元素融入音乐课中是一种非常有效的教学方式。学校通过将"绳"

元素与音乐相结合,不仅提高了学生的审美素养和综合素质,还增强了学生对传统文化的认识和理解。在未来的教学中,我们将继续探索更多的教学方法和手段,为学生提供更加丰富多彩的学习体验,让学生在绳舞相融中提升审美能力。

五、"绳"诗韵——古诗文中的文武相融

作为上海市古诗文阅读推广基地校和上海市中华经典诵写讲基地校,学校将"绳"与古诗相融合,创新性地开展了"古诗韵律跳绳"活动,致力于将传统文化与现代教学方法相结合,为学生提供更加丰富多样的学习体验。这种创新的教学方式旨在让学生在运动中感受古诗的韵律美,同时培养他们的团队合作意识。

在初步实践的基础上,为了进一步推广这一成功经验,我们将"古诗韵律跳绳"活动纳入学校的日常教育教学活动中。

低段学生通过学习跳绳技能和古诗,能够边跳边诵,从而在运动中积累古诗。这种教学方式不仅锻炼了学生的身体协调性,还让他们在快乐的氛围中感受到古诗的韵律美。在这个过程中,学生能够逐渐领悟到古诗的文化内涵,提高对传统文化的兴趣。

对于中高段学生,我们通过小组合作的方式,让他们在花样跳绳游戏中合作完成古诗的诵读和演绎。这种合作式学习有助于培养学生的团队合作意识和沟通能力。学生在游戏中相互协作,共同进步,不仅提高了学习效果,还增进了彼此之间的友谊。

在活动中,学生手握跳绳,伴随着古诗的节奏跳跃。通过反复练习,学生不仅能够逐渐掌握跳绳的技巧,还能在运动中领略古诗的韵律美,深入理解古诗的内涵。

我们通过精心设计教学方案与活动流程来确保活动的顺利开展。首先,根据学生的年龄特点与不同年级的古诗教学要求,选择与之相应的配乐,使跳绳的节奏与古诗的韵律相得益彰。其次,为了确保学生参与的积极性,我们通过

团队合作,在互相鼓励、帮助、合作中共同完成吟跳任务,引导学生在运动中感受到了古诗的韵律美,加深了对古诗的理解和认识。这种创新的教学方式为古诗文教学注入了新的活力,提高了学生的学习兴趣和参与度。

 案例

《绳水吟》教学设计(节选)

高境科创实验小学　施　慧

【教学过程】

一、与生话酒,揭示课题

1.出示视频:花样跳绳。

师:同学们,我们学校花样跳绳队夺得了本次赛季的冠军,并打破了多个世界纪录。让我们一睹为快。

2.揭诗题:《绳水吟》。

师:短短一根绳子,能创造出如此精彩的画面。今天,我们又要学习古诗了,这首古诗就是关于"绳子"的,叫作《绳水吟》。(板书课题)

3.简介诗人:邵雍。

邵雍:北宋哲学家、易学家,与周敦颐、张载、程颢、程颐并称"北宋五子"。

二、借助平仄,读出诗韵

师:现在,我们先根据平仄原则来读古诗,读出诗韵。自己试着去读,边读边标上平仄。

1.自标平仄。

2.交流,校正。

3.借助平仄原则,读出诗韵。

师:来,气沉丹田,声断气连,读出诗的韵味来。

三、描绘画面,读出诗境,读出诗情

1.师范读,学生听,想象画面,并"看"清楚画面。

师:下面老师来读这首诗,你们闭上眼睛听,看得仔细些,等下告诉老师,你仿佛看到了什么。闭上你的眼。

2. 与第一、二句对话,读出诗中画,读出诗中情。

出示:"有水善平难善直,唯绳能直不能平。"

(1) 自读想象画面。

师:现在,请你再去读读这两句诗,等下告诉老师,你看到了什么。

(2) 描绘"有水善平"的画面,理解诗意。

预设:我仿佛看到在一个晴空万里的日子里,清澈的溪水、河水潺潺地流着,发出了"哗哗"的流水声,水是那么奔腾不息,一直流啊流……

(3) 描绘"唯绳能直"的画面,理解诗意。

预设:我的眼前还出现了一根又细又长的绳子,那么笔直,那么坚硬。

(4) 描绘两句诗的画面,读出诗意。

师:是呀,看得仔细,就能描述得那么清晰。来,仔细看清楚这两句诗的画面,自己连起来再描述一下。

(5) 揭示对比手法。

师:是呀,水是那么柔,潺潺地流动;而绳子是那么坚硬,那么笔直。一柔一刚,一动一静,让我们强烈地感受到"水"和"绳"两者的区别,这就是对比带来的强烈反差。

(6) 男女生配合读诗境。

师:水带给人的感觉是柔的,第一句读得轻轻柔柔的。而绳是坚硬的,第二句就读得稍许响一些,坚硬一些。女生读第一句,男生读第二句。

(7) 感受象征手法。

师:水象征着灵活与变化,而绳象征着坚定与稳定。诗人的笔下,"水"和"绳"究竟写的是什么?

预设:诗中的水和绳被赋予了象征意义。水可以代表人生中的困难和曲折,而绳则代表着坚持和正直。

(8) 指导朗读诗境。

师:现在,你应该能读好这两句诗了。来,带着你的感受,让我们一起读。

过渡:同学们,在诗人的笔下,他赋予了"水"和"绳"神秘的色彩。让我们继续往下学。

3. 与第三、四句对话,读出诗中画,读出诗中情。

出示:"如将绳水合为一,世上何忧事不明。"

(1) 自读。

(2) 谈话引入"绳水合一"。

师:同学们,水可以代表人生中的困难和曲折,而绳则代表着坚持和正直。当我们遇到困难的时候,我们应该怎么做呢?

预设:我们应该不怕困难,勇往直前。

"坚持到底,就是胜利。"只要我坚定信念,继往开来,我就能成功。

…………

师:你们和诗人想到一块去了。"绳水合一,何忧之有?"

(3) 指导学生读出激励、鼓励、鼓舞、勉励。

① 一读:自己遇到困难,读出激励。

师:当你学习生活上遇到困难,请你激励自己,读……

预设:如将绳水合为一,世上何忧事不明。

② 二读:好友遇到困难,读出鼓励。

师:当你的好朋友学习上遇到了困难,请你鼓励他,读……

预设:如将绳水合为一,世上何忧事不明。

③ 三读:对甘肃受灾的人们,读出鼓舞。

师:近日,甘肃发生了特大地震,伤亡惨重,请鼓舞那里的人重建家园,读……

预设:如将绳水合为一,世上何忧事不明。

④ 四读:对世界上生活在逆境中的人,读出勉励。

师:同学们,在我们这颗璀璨的星球上,有人饿着肚子,有人经受着疾病的折磨,有人遭受着其他国家的欺凌,流落街头,家破人亡,让我们读出心中对他们的祝福。

预设：如将绳水合为一，世上何忧事不明。

四、回顾全诗，读出诗情

师：现在，你能读好整首诗吗？老师给大家配上音乐。

五、总结谈话

学生在花样跳绳中蹁跹，诵读古诗文，深刻感受古诗文韵律美、意境美、吟诵美，领略传统文化的魅力。学生在文武交融中促进了体能与智力发展，树立了文化自信。

让我们一起探索跨学科融合的奇妙世界吧！在这个世界里，我们不仅可以学到更多的知识，还可以体验到更多的乐趣。让我们一起在知识的海洋中航行，寻找属于我们的宝藏吧！

第七章

"绳韵"学校的全面优质发展

研究、实践"绳韵"教育的过程,也是探索释放办学活力的过程,更是寻求、实现"活"教育的过程。

　　2020年9月,教育部等八部门联合发布了《关于进一步激发中小学办学活力的若干意见》,提出:"认真总结成功经验,加强顶层设计,着眼于长远的制度建设,鼓励各地各校继续深入探索、勇于创新、不断完善,持续释放和激发中小学的生机与活力。……鼓励支持学校结合本地本校实际,办出特色、办出水平。"高境科创实验小学把贯彻落实《关于进一步激发中小学办学活力的若干意见》与发展完善"绳韵"教育有机结合起来,改进教育教学方法,开展丰富多彩的"绳韵"教育教学活动,积极探索符合学科特点、时代要求和学生成长规律的"活"的教育教学模式,力求通过"活"的德育生活、"活"的课堂教学、"活"的课程体系、"活"的特色活动、"活"的教师队伍、"活"的课题研究,开发学生潜能,促进学生和谐发展。与此同时,加强家校社合作、校际交往、学段联动,走优质、均衡发展之路。

第一节　探究"活"德育，夯实"绳韵"教育之魂

"传承经典，做有德之人；舞动校园，做阳光少年。"这是高境科创实验小学德育工作的总目标。学校"绳韵七彩童年"生活德育课程根据各年级学生的年龄特点，设置了"绿色领巾胸前飘，我要来争章""我要加入少先队""我十岁了""七彩童年诵经典""今天我是毕业生"五大系列活动，以此来达到各年级不同的育人目标。而花样跳绳是一项全校普及的活动，它培养学生吃苦耐劳、拼搏向上的精神，创造学生之间团结协作的和谐关系。另外，跳绳还能锻炼学生正视胜败得失的能力，让他们在一场场比赛中彻底领悟"掌声不仅属于荣耀的胜利者，还属于永不言败的拼搏者"。让挫折教育渗透进每一个孩子的心灵，使他们逐步学会欣赏他人、正视自我。

我们在学校德育工作中，注重在跳绳过程中让德育回归本真，让无形之绳连接学校和家庭与社会，发挥德育工作的实效性，实现"体锻绳"向"教育绳"的转变。

一、"七彩绳结"争章评价——促进学生全面发展

我们以行为规范五星级示范校验收为契机，结合"绳韵"教育的内涵，开发设计了深受学生喜欢的《"中华绳韵之炫彩绳童大本营"争章手册》。通过制定多元化的评价机制，形成统一的评价标准，以"七彩绳结"为激励手段，有效地落实日常教育教学中的过程性评价。

学校围绕"七彩绳结"争章评价机制，根据学生的年龄特征，结合学科特点，细化了"绳结"评价标准。教师对每一个学生日常各个方面进行细致的观察、记录，给予学生较为全面、公正的综合性评价。借助"绳结评价"这种显性的评价方式，促使学生明确各种规则，培养学生核心素养，逐步形成正确的价值观、人生观。高境科创实验小学的每位"绳童"的争章手册里都贴满了通过自己努力

争得的"七彩绳结"。每月各中队进行阶段总结,根据获得的绳结数量,评选出当月的"七彩之星",可以兑换学校的特色奖品。一枚枚"七彩绳结章"组成了一条炫彩的成长之绳,促进了学生的全面发展。

 案例

高境科创实验小学特色评价实施办法

在当前基于课程标准的教学与评价指南的引领下,我们更需要落实的是日常教育教学中的评价。学校推出以学校特色项目为核心的评价形式——绳结、"绳童"评价。通过教研组、年级组对评价办法的研讨,整理出操作性较强、评价面广且具有可延续性的绳结评价操作办法。通过细化落实对学生的日常行规、学习、生活等评价,促进学生在行为习惯、学习习惯等方面积极正面地发展。具体操作方法如下:

序号	达标要求	争章内容	考核部门	晋级奖励
1	热爱祖国	思想道德好、行为习惯好	中队辅导员	每月每中队每个项目一名队员获得校园吉祥物贴纸一枚
2	尊师友爱	友爱互助好、参与活动好	语文老师	
3	勤奋学习	学习习惯好、课外阅读好	数学老师	
4	积极锻炼	体育锻炼好、学以致用好	体育老师	
5	清洁卫生	个人卫生好、集体服务好	卫生老师	
6	责任担当	自我管理好、全面发展好	英语老师	
7	文明礼仪	文明礼仪好、一技之长好	综合老师	

对学生日常学习、生活的评价是一项细小又烦琐的工作,教师必须对每位学生日常的各个方面进行细致的观察、记录,给予学生较为全面、公正的综合性评价。通过这种显性的评价方式,学生在熟悉各项指标的情况下,能够明确积极争取的目标,从而提高学习兴趣,改善学习习惯,形成正确的价值观。

案例

踏绳启程，向光而行

高境科创实验小学五(1)班 翁若岑

一走进我们高境科创实验小学的大门就能看见"踏绳启程，载德远行"这八个金光闪闪的大字，这是这里每一个学子孜孜不倦的追求，七彩绳韵的精神更是我成长的目标。

七彩的绳结代表着不同的品质：热爱祖国、尊师友爱、勤奋学习、积极锻炼、清洁卫生、责任担当、文明礼仪。七彩绳结也指引着我不断进步，让我成为一名德智体美劳全面发展的学生。当我刚踏进校园，我就感受到了绳结的魔力：上课认真听讲，积极举手发言，热心帮助同学，注重班级卫生……每一次的进步，每一次的表现，老师都会以绳结作为奖励，鼓励着我要继续保持，更要不断突破自己。我小心翼翼地保存着每一枚绳结，每一枚绳结都仿佛一道光，指引我前行、前行……

每一枚绳结都是通过自己的努力而获得的，它记录着我进步的点点滴滴，也是我前进的一种动力。当我有幸成为"炫彩绳童"的那一刻起，我变得更加自信，更有勇气挑战自我。未来的日子，我会继续依循"绳韵"精神，成为新时代的好少年。

 案例

与"绳"共舞

高境科创实验小学 沈丽萍 丁婉倩

在2019年跳绳世界杯(挪威)夺冠的现场，8位来自上海的中小学生三破世界纪录，斩获8金8银3铜，让中国国歌在世界舞台上奏响。这些惊艳世界、展现"中国速度"的孩子们中，有几位是高境科创实验小学的少先队员。

2010年，学校开展以绳为主题的少先队活动，将跳绳从一个体育锻炼的项目，变为全校师生喜闻乐见的特色少先队活动，并在校园里掀起了花样跳绳的热潮。

一、初识跳绳，与绳结缘

每年的校园开放日里，第一次走进校园的孩子与家长都会强烈地感受到跳绳的魅力与快乐。看着高年级队员的个人花样展示、双人花样展示、交互绳速度赛、小型花样表演等一个个精彩绝伦的跳绳展示，大家都被跳绳强烈地吸引着。孩子们都兴奋地说："哥哥姐姐们真是太厉害了！我都没有看到绳子在哪里！我也要学！"

开学典礼上，一年级的新生会收到学校赠送的一份入学大礼包——学校的徽章、学生名牌、《"中华绳韵之炫彩绳童大本营"争章手册》和一根短绳。随后，四年级队员会带领弟弟妹妹们参观学校里的"绳秘园"，了解绳的历史、跳绳运动的发展、学校红领巾社团"炫乐跳绳队"获得的荣誉和参加比赛表演的视频等，引领他们开启跳绳之旅。

就这样，队员们与绳结了缘。如今，绳已成为队员们书包里的"必备品"，也是他们每天锻炼的"巧器械"。

二、花样跳绳，绳舞飞扬

从体育锻炼的"本色跳绳"，到艺术欣赏的"花样跳绳"，再到体现学校文化的"阳光绳韵"，绳在高境科创实验小学有着特殊的地位，队员每天学习和锻炼都离不开它。

清晨，全校师生会在操场上跳广播操和自编的绳操；少先队活动课上，不同年级的队员们会展示自编、自导、自演的花样跳绳；每年辞旧迎新之际，全校师生、家长代表会相聚在一起，举行"花绳节"。

在一次次精彩的表演背后，是队员们大量枯燥而艰辛的训练。但繁重的训练并没有耽误他们的学习。一些队员还将学习技巧运用到跳绳训练中，将跳绳训练时培养起来的百折不挠的精神用于攻克学科知识点和难点上。

一名队员回忆自己学习跳绳的经历时曾说："刚接触跳绳时，我的协调能力不好，也不懂技巧，总是跳不好，和其他队友有很大差距。教练发现之后，耐心地指导我,给我做示范。队友也经常教给我一些跳绳技巧。是'跳绳队'这个大家庭给了我温暖和信心,帮助我成为更好的自己。"

另一名队员表示:"跳绳带给我的不仅是运动技能上的提升,还有好习惯的养成。日复一日的训练让我更能吃苦,并敢于挑战自我,不轻言放弃。花样跳绳需要团队的协作,在练习中,我明白了自己和其他队友是一个整体,我们需要相互配合,朝着同一个目标一起努力。"

跳绳已融入队员们的生活之中,不仅让他们的校园生活更充实,还促进了他们的健康成长。

三、追梦路上,与绳共舞

学校的"绳童"们以"炫乐跳绳队"为主体,坚持一起训练,还多次参加全国跳绳锦标赛,并逐渐走出上海,迈上了国际舞台,代表中国队参加国际比赛。如今,学校的"炫乐跳绳队"已在国际、国内比赛中获得100多枚金牌,打破吉尼斯世界纪录。

队员韩锦悦接受采访时说:"作为第一个上场比赛的队员,我很紧张,但看到队友都在我身边,为我加油,我就不紧张了。"

誉有"跳绳小马达"之名的姜大礼、黄俊凯和金振宇三位队员在谈到"跳绳的意义"时,不约而同地提到了队友,"我很感谢我的队友,五年来,他们一直陪伴在我身旁,就像兄弟一样。没有他们就没有我现在的成绩"。

每年假期里,学校都会举办"阳光少年"跳绳冬令营、夏令营活动,带动宝山区各校开展跳绳运动,鼓励"绳童"们在互相切磋中共同进步、增进友谊。许多外地学校的师生也来到学校学习交流。他们在"红领巾小小绳童解说员"的带领下,参观"绳秘园",参与社团活动,观摩特色表演。每位参观者都会被"绳童"们感染,情不自禁地拿起绳子加入跳绳队伍之中。

一根绳便将队员们联结在了一起,不仅让他们感受到集体的温暖,更使他们学会了运动、思考、感恩,变得更加自信、自律、自强。队员们都在努力用行动展示最好的自己,展现新时代少先队员的蓬勃朝气和精神风貌。

在"上海市行为规范示范校"验收中,学校以"炫彩绳童大本营"为载体的回归教育本真的德育得到了专家的好评。

二、绳韵护航成长之旅——家校携手共伴成长

对于一所学校来说,除了学校文化、办学传承、管理团队外,学校发展情况还必然受经济发展、社区发展变化等多种不可变因素的掣肘。为此,我们注重整合资源,践行"绳童家长志愿者"课题研究,进行"高参与"家校合作。学校也成为上海市首批家庭教育示范校。

我们以"绳"为媒体,通过"家长护航志愿队"让家长参与到学校日常教育教学工作中来,连接家庭与学校,凝聚教育合力,成为学校家庭教育的品牌。

围绕家庭教育特色品牌"绳韵护航成长之旅",学校开展的家庭教育研究"家长多角色扮演促进学生行为习惯养成的实践研究"荣获 2015 年上海市家庭教育成果奖一等奖,"家校合作中家长志愿队管理制度建设的实践研究"被立项为上海市家庭教育指导研究"十四五"重点课题。

 案例

特色品牌:绳韵护航成长之旅

【品牌缘起】

2010 年,高境科创实验小学搭乘阳光体育的东风,与绳结缘,通过十多年的努力,使之从本色跳绳上升到学校文化"阳光绳韵",走出了一条"绳韵"教育的特色办学之路。

2022 年 1 月 1 日正式施行的《中华人民共和国家庭教育促进法》对学校指导家庭教育提出了更高的要求。而家长教育是非制度化的成人教育,家长教育的核心是自我教育,要体现自愿性和引导性原则,只有自愿参与的家长才有强烈的学习动机和主动的体验行为。"家长护航志愿队"只聚焦了部分自愿参与学校课程体验的家长,内容局限在家校互动,具体实施也聚焦在家长参与学校

工作,对家长的指导性不够。针对品牌特色的瓶颈问题,我们提出了新一轮的特色品牌——"绳韵护航成长之旅",目的是将聚焦点放在全体家长身上,对其进行育儿能力和方法的指导,为家长提供获取知识和技能的方法。在实施过程中,教师与家长在人格上彼此尊重,在教育过程中合作分享,逐步指导家长树立科学的育人观,最终达到"绳韵护航成长"。

【品牌内涵】

绳韵:学校以"花样跳绳奠人生之基,科创教育突思维之规,阳光绳韵引成长之向"这三者的有机融合所构成的文化内涵,以"绳"为载体赋予其文化内涵和生命元素,充分发挥其生命活力,成为引领学校发展的文化理念。

护航成长:(1)学校促进家长育儿能力的提升;(2)家长陪同孩子一起成长,在孩子的学习生涯中为孩子的全面发展提供帮助,保护其身心健康。

"绳韵护航成长之旅"就是学校以"绳韵"的文化内涵,为家长提供育儿知识和方法的成长旅途。在这个过程中促进家长更新家庭教育观念,规范自己的言行,转变教育方式,陪伴孩子健康成长,通过言传身教来影响孩子、引导孩子,与孩子共同寻找解决问题的方法,真正成为孩子的良师益友。三年来,我们打破时空的壁垒,借助现代信息技术,深入家长和孩子的情感领域,提升家长的家庭教育水平,实现其自我成长,让小学五年的陪伴成为一场美好的"绳韵护航成长之旅"。

【品牌目标】

通过"绳韵护航成长之旅",提高家长对"绳韵"文化的认同,让家长在校园文化内涵的渗透下,获取科学的育儿理念和的指导方法,从而提升自我,实现家长的自我成长。

【品牌内容】

学校以"绳韵文化"为载体,根据孩子的年龄特征,从有效的"陪伴"入手,开设家长助力课程,指导家长在课程学习中收获科学的方法,做好孩子的"学习伙伴";在实践体验中规范自己的言行,做好孩子的"成长导师";在日常生活中加强有效互动,做好孩子的"快乐玩伴"。

在特色品牌"绳韵护航成长之旅"的推行下，我们的家长踏上了科学育儿的旅途。

第二节 实施"活"教学，彰显"绳韵"教育之美

课堂变革的目的是以学生为中心，构建适宜的情境，让学生在主动探索中理解知识、提升能力、丰富内心。

高境科创实验小学在"上海市新优质学校"创建过程中，打造"活"的课堂，强调因材施教，让每一个孩子都能够接受适合的教育；强调教学的生动性、互动性和灵活性，旨在激发学生的学习兴趣和主动性，提高教学质量和效果。

一、"活"的教学与各类特色活动

要实施"活"的教学，教师需要具备先进的教育理念和教学技能，同时学生也需要具备一定的自主学习和合作学习能力。只有师生共同努力，才能使"活"的课堂成为现实，并取得良好的教学效果。在花样跳绳特色项目的实施过程中，学校除了抓好体育学科中的跳绳技能教学和训练外，还尝试在音乐、美术和探究学科中渗透"绳文化"教育，让学生在体育学科的"快乐跳跳跳"、美术学科的"巧手编编编"、音乐学科的"绳韵舞舞舞"、探究学科的"网上冲冲冲"中进行创新，体验快乐，将"绳韵"与课堂融为一体，将跳绳与大脑有机结合，形成"活"的课程。在"活"的课程体系基础上，我们开展了三类"活"的特色活动——体育特色活动、科技教育特色活动、艺术教育特色活动，更是显示出向学科拓展甚至跨学科的延伸。这些活动把学生对游戏、体育、艺术的兴趣、爱好和特长唤醒并发挥到极致，提供了展示的空间与平台，拓展和延伸了现有的国家课程，形成了生动活泼的发展局面。

我们注重校本课程的开发与建设，形成了高境科创实验小学"绳童七彩课堂"，在"绳童七彩课堂"中围绕"绳文化"的外延拓展，积极传承弘扬中华优秀传

统文化,推进学校特色建设。我们在用好"绳舞飞扬"和"经典诵读"的校本教材的同时,正在开发"中华绳艺"校本课程,形成传承中华文化的系列课程。

二、"活"的教学打造"绳韵"课堂

高境科创实验小学以"活"的教学建设打造"绳韵"课堂。学校注重"绳韵"课堂的实践教学,教师组织丰富的实践活动,让学生在实践中学习和成长。学校把培养学生的自主探究能力作为"绳韵"课堂的重要目标之一。在课堂中通过跨学科融合,以项目化学习引导学生自主探究问题,培养学生独立思考和解决问题的能力。学校在"绳韵"课堂中还注重学生的情感体验,教师关注学生的情感需求,让学生在课堂中感受到快乐和成长。

在实践过程中,学校的"绳韵"课堂充满生动、形象、有趣的内容,具有多样化的教学方式和手段,是师生互动、生生互动的课堂,是鼓励学生提出疑问、具有开放性的课堂,是根据学生的实际需求和学科特点来设计教学活动的课堂。

"活"的"绳韵"课堂注重学生的主体性和情感体验。为了打造更好的课堂环境,教师应该不断探索和创新教学方式和手段,激发学生的学习兴趣和创造力。

 案例

依托在线教学提升学生合作能力的行动研究

高境科创实验小学 林墨吟

摘要:由于疫情,学生被迫由线下学习转为线上学习,学生的学习方式、教师的教学方式都发生了巨大的转变。以统编语文教材四年级第二学期第三单元"综合性学习活动"中的"举办诗歌朗诵会"这一教学任务为载体开展行动研究,运用"晓黑板"App组织学生开展在线合作学习,让合作学习从线下走向线上。教师作为一名观测者、引导者,促进学生进行有效的合作学习,提升学生合作能力,为其终身发展奠定扎实的基础。

关键词:小学生;沟通与合作素养;在线合作教学

一、缘起

"沟通与合作素养"近年来被全球普遍重视。在自主合作学习模式下学生通过交流、讨论来活跃思维,打破了个人思维定式,通过组内成员的优势互补和互助合作来完成知识的理解和探究,实现了学习上的共同进步。自主合作学习模式能够充分调动小学生对知识探究的积极性和专注度,在思维碰撞中挖掘了学生的思维潜能,促进了学生思维能力和分析能力的发展。合作能力的提升对学生的终身学习有着举足轻重的作用。

突如其来的疫情,让学生由线下学习转为线上学习,学生的学习方式、教师的教学方式都发生了巨大的转变。如此一来,合作学习如何从线下走向线上?隔着屏幕如何让学生真正地进行有效合作? 这些问题成为教师面对的全新挑战。

二、行动研究计划与实施

本着依托在线教学提升学生合作能力的宗旨,我开启了行动研究的征程。我一遍一遍地翻看着语文教材,统编版语文四年级第二学期第三单元中的"综合性学习活动"让我眼前一亮。我决定借助其中的"举办诗歌朗诵会"这一教学任务,组织学生开展在线合作学习,全程运用 App 来进行。该行动研究步骤如下表所示:

研究阶段	研究时间	行动目标
第一次行动	周二、周四下午＋机动(第2周)	让合作能发生
第二次行动	周二、周四下午＋机动(第3周)	让合作更有效
第三次行动	周二、周四下午＋机动(第4周)	让学生会评价

(一) 第一次行动

我初选了语文教材中《在天晴了的时候》《绿》《白桦》和《繁星》四首诗歌,通过学生的投票,最终大家选定了《绿》作为此次朗诵会的诗歌篇目。

紧接着,我在班级群内发布组队任务。可让我诧异的是,任务发布后,整个讨论组内七嘴八舌,乱成一麻,群内一层层讨论楼拔地而起,不一会儿就堆得高高的了。有的学生为了抢人吵翻了天,有的学生则是默默无语坚持做一名观众……虽然最后大家勉强完成了组队任务,但效果不如人意。

【问题及归因】

为了寻找线上小组合作学习如此糟糕的原因,我随机抽取 10 名学生分别做了简单的电话访谈。访谈结果可见:学生的在线合作学习缺少了教师的正确指导,导致合作机制得不到保障;学生缺少合作的基本技能以及不了解什么才称得上是有效的合作学习,根据学生的表现,结合访谈结果,我反复思考、向专家请教,发现小组合作学习不成功的原因是缺乏教师指导下的合作机制的建立。

【反思与改进】

通过在线合作学习来培养学生的合作能力绝不是教师布置任务了,合作就一定会发生,合作能力就一定会提高。事实上,合作的发生是要有一定的机制保障的,这种机制的建立需要教师进行正确的引导,更需要具有科学性。因此,我对合作学习中的"科学创建小组"进行了文献检索及学习。最终决定在活动开始前,提前进行指导与协商,做到科学创建小组。比如,小组成员的构成需要多元化,要有一定的差异,包括学习能力、文化背景、知识背景和性别等方面的差异,使学生能够接触到尽可能多的不同观点,增大知识面。因此,在进行第二次行动研究前,我就对创建小组进行了改进。我根据学生个人诵读情况与个体差异情况,与学生进行协商,科学地分组,尽量让小组成员之间可以进行差异互补,基本使各小组间势均力敌。

(二) 第二次行动

由于活动前我采用了"提前协商""干预创建""引导分工"的策略,在合作机制的作用下,各小组快速确定了组长人选并进行了人员分工。为了让诵读效果更佳,也为了增加小组合作的自主性,我给予学生更多的时间,放手让小组自己选择合作的时间。

【问题及归因】

可是在小组合作时,一系列的问题又发生了:组长们不会管理组员,组员出现了上线迟到或早退、在线争论不休、在线闲聊、小组成员各管各的、小组成了薄弱生的避风港等形形色色的问题。

基于上述现象，究其原因，无论是组长还是组员，都对自己在组内的正确角色认识不足，缺少对合作要素的了解以及对基本合作技能的掌握，比如合作意识、目标意识、责任意识、时间观念、表达方法、接纳方式等。

【反思与改进】

可见，目前的小组合作流于形式，处于"形"相近而"神"不同的境地，只有让每一个孩子都正确认识自己在组内的角色、赋予自己组内的责任、明确共同的学习目标、与小组伙伴积极互动、学会表达及接纳，才能让合作更有效。因此，这一次的改进点就在于如何让学生充分了解合作的基本要素及掌握基本的合作技能。紧接着，我采用了"观看视频，产生共鸣""在线讨论，引发思考""专题培训，形成认识""尝试合作，深化体验"等策略，帮助学生学会开展真正有效的合作学习。

（三）第三次行动

有了合作机制作为保障，学生了解了合作学习的基本要素，掌握了基本的合作技能之后，各小组的活动开展已经有条不紊了，基本能够顺利完成合作学习的任务。

【问题及归因】

两次行动研究下来，学生在小组合作时都有了比较明确的时间观念、目标意识和责任意识。学生诵读作品时都挺有感情的，但要进行音频合成时，却发现了不合拍现象，如节奏快慢不一、声调高低不平。这是由于学生在线上诵读时缺少了组内成员间的思维碰撞，只关注了个人诵读，没有意识到这是一个团队作品。

【反思与改进】

在线上小组合作学习中，不仅要考虑个人主体性的发展，更要考虑小组整体性的发展。只有加强小组间的沟通，培养小组成员间的倾听评价能力，让他们产生思维碰撞，才能让小组更有凝聚力，让合作走向深度。

于是，在第三次的行动研究中，我这样改进：

第一步：确定评价维度。让学生明确线上有效合作学习的标准。

第二步：借助榜样力量。对优质的小组合作学习过程进行录屏，并发布到班级群中，邀请其他小组围观，从而正向强化学生的倾听评价意识。

第三步：引导学生评价。学生对照评价维度尝试自评、组内互评，在提升个人诵读水平的同时，保证团队诵读的协调性，提升小组诵读水平。

三、行动研究成效分析

在第一次行动研究的过程中，我通过师生协商，科学建组，组内推选组长，明确合作学习任务，保证了组内异质、组间同质，形成合作机制，让合作发生。

在第二次行动研究中，为了使合作有效，我对学生进行合作技能的培训。学生掌握了合作学习的基本技能，明确了自己在组内的角色、任务及责任，合作学习初见成效。

在第三次行动研究中，我又建立了评价维度，使学生内化标准，引导他们尝试自评、组内互评、组间互评。在评价的导向作用下，学生之间的思维发生了碰撞，发生了有深度的合作。

在这三次行动研究中，我也惊喜地看到了组长、组员、小组间的变化。组长从原来的"手足无措"变得"得心应手"了，组长的组织能力和决策能力有了显著的提高，他们都成为小组真正的"领头羊"；组员从起初的"漫无目的"变得"主动担责"了，每个人各司其职，又合作无间，激发了整个小组无限的创造力；小组也从当初的"各执己见"变得"团结一心"，每个人都开始拥有了团队归属感，在一次又一次的有效沟通、默契合作、团结互助下，每个小队都变得更具有凝聚力，大家拧成了一股绳，劲儿都往一处使，学生的合作能力有了明显的提升。

第三节　打造"活"队伍，增强"绳韵"教育之效

教师是教育发展的核心资源，加强教师队伍建设能提升学校的核心能力。高境科创实验小学注重加强教师队伍建设，不断提高教师的教学水平和专业素

养,建立完善的培训体系和评价机制,营造良好的教学环境,激励和关怀教师,从而打造了一支高素质、高水平、高效率的教师队伍,确保教师队伍稳定发展、教师素质整体提高、名优教师更多涌现,以促进教师队伍整体素质和能力的提升,提高教育质量和水平。

一、骨干教师——搭建平台、聚焦实践、引领提升

学校在搭建骨干教师专业化发展的平台时坚持唯才是举,千方百计创造条件,将骨干教师送上个人发展的快车道,通过名师工程、青蓝工程,在全校开展骨干教师、新秀教师评选活动。通过专家引领导航、学术研讨促动、外派研读进修、校本发展培训等实施策略,学校培养了一支"德业双馨"的骨干教师队伍。

(一) 学习观摩,开阔视野

根据学校所制定的相关制度,凡学习观摩,优先考虑骨干教师参加,为其成长发展搭建必要的平台。因此学校全面支持教师参加高级别的外出学习观摩活动。通过优秀课观摩、典型经验汇报、外出学习、研讨交流等形式,为骨干教师提供适宜的发展环境,激励他们积极主动地去探索与实践,尽快地提高教育科研能力,使之形成各自的教育教学特色。

(二) 聚焦实践,引领辐射

课堂是教师的主阵地,结合课堂教学对课例进行研究来直面教师的教学实践,对教师的专业成长起着至关重要的作用,骨干教师也不例外。因此,学校制度规定骨干教师每学期在校内至少开一次校级及以上的公开课,以锻炼为目的,展示骨干教师风采,发挥骨干教师的示范作用。多年来,学校坚持每年围绕一个专题开展"骨干教师展示月"活动,在以"细化教学过程,打造绿色课堂"为主题的观摩研讨课系列活动中,骨干教师向全校教师上展示课,全体教师参与听课与评课。骨干教师在展示自己的教学之后,及时将自己的教前思考、教学设计、教学反思等相关资料上传到学校的网站上,与大家分享探讨。同时,近年来学校骨干教师进行了多次各级各类的公开课、讲座交流活动,发挥所长,履行骨

干职责,营造了积极向上的教学研讨氛围。这些活动不仅充分发挥了骨干教师的引领辐射作用,而且各级骨干教师在引领辐射的同时实现了自身的快速成长。

二、成熟教师——任务驱动、机制激励、教学相长

成熟型教师有着丰富的教育教学经验,如何让他们突破"高原期"的瓶颈,发挥这批教师的作用从而促进专业提升,是值得我们思考的问题。我们以任务驱动、机制激励为策略,发挥他们在教研组建设中参与、指导的作用,克服他们的懈怠感,来促进提升他们的业务素养。

学校结合新优质学校建设,围绕学校"绳"文化建设,设想通过基于"绳"文化发展促教师专业精神的养成研究,实现二次成长,从而促进中、老年教师的"德业双馨",助推学生健康快乐地成长和学校整体提升。

三、青年教师——学习观摩、开阔视野、积累经验

青年教师是学校的希望和未来。因此必须加强青年教师队伍建设,通过多种行之有效的手段,规范青年教师行为,提升师德形象,提高青年教师的教育教学水平,使他们成为学校发展的主力军,努力为学校建造一支师德高尚、素质优良、结构合理的教师队伍。

学校成立"青杏成长坊"青年教师成长共同体,加强"青蓝工程"建设,注重青年教师的培养和实践。我们以师德教育为抓手,培养青年教师的职业精神。同时,以"青杏成长坊"青年教师成长共同体为载体,注重课堂主阵地建设,采取"问题—目标—措施—实践—反思"的多轮循环的反思性实践青年教师培养模式,注重随堂听课与研究课相结合、实践课与比赛课相结合,提升青年教师的业务素养,注重在青年教师中开展教学"五大环节"的研究与实践,引导青年教师注重教材和学情分析,通过"三子法"(引路子、搭台子、压担子),鼓励更多青年教师在实践中摸索,在磨砺中成长。学校采取师徒带教与教研组组团推进的方式,以课堂教学为主阵地,反复磨课、反思,苦练基本功,促使青年教师在课堂中走向成熟;以"课题研究"培训为抓手,以"问题化"学习探究为突破口,从而提升

青年教师的教学研究能力,提高教学效率。

学校制订的"GROW成长项目"青年教师培养计划,能够让新教师在短时间内熟悉学校,熟悉工作岗位,进一步巩固新教师的专业思想,使其具备良好的道德素养,能热爱本职工作,热爱学生;使他们初步掌握学科的教学常规和技能,理解学科的业务知识和内容体系,使其课堂教学、作业批改、课外辅导等逐步走向规范化;让他们对科创特色项目改革目标、课程标准、教材教法有较深刻的认识,并能运用到实际教学中,增强驾驭教材、驾驭学生及驾驭课堂的能力,提高教学水平及质量。该计划还让有志向、肯吃苦、有能力的青年教师在学校管理层面跟岗锻炼、轮岗实践,在为学校发展的后备力量做好储备的同时,还推荐到教育局进行历练。

 案例

高境科创实验小学"GROW"成长式培训方案

一、指导思想

坚持教师是学校发展的核心要素,以教师发展促进学生发展。在"GROW"成长式培训理念的指导下,创新教师培养机制和培养模式。为提升学校的可持续发展力,进一步加强学校优秀人才发展战略,让一批愿意奉献、积极进取的青年教师在各种岗位的锻炼及各种任务的加压中迅速成长,成为学校发展的储备力量,特制定学校"GROW"成长式培训方案。

二、"GROW"成长式培训的定义

在传统的跟岗培训中,参与培训的教师更多的是被动跟随,而"GROW"成长式培训以学员为核心,更强调其自身的主动成长。最高目标的设定("G"for Goal)、"仰望"心理("R"for Respect)、基于问题导向的参与过程("O"for Problem Oriented)和挖掘问题背后的理念("W"for Why and Way),是"GROW"成长式培训的基本原则,这四项原则的首字母组成的单词"Grow"正是"生长""成长"之意。

三、"GROW"成长培训目标

1. 立足当前,放眼未来,成立学校"GROW"成长培训组,用好成熟教师,发掘新秀教师,为高成长性教师创造进一步发展的机会,为学校发展的后备力量做储备。

2. 实践历练,提高认识,在主动出击(在积极参与中汲取"养分")、寻找"知情者"(向最合适的人学习)、双向成长(学员为学校发展"提问")的过程中提升"GROW"成长培训组成员的思想认识和业务能力。

3. 增进交流,加深融合,鼓励高成长性教师走进学校管理团队,促进中层和基层的有机融合,打造奋斗的团队,传播正能量。

四、"GROW"成长培训组成员的选择标准

1. 热爱教育事业,具有良好的职业道德修养,具有强烈的责任心和事业心。

2. 愿意为学校的发展作出贡献,肯吃苦、能吃苦,能接受在没有福利经费的前提下,承担一定的工作量。

3. 年龄40周岁以下的优秀中青年教师,思想认识清晰、业务能力强,在教育教学工作方面成绩优秀。

4. 优先考虑教研组长、年级组长、骨干教师。

五、"GROW"成长培训组成员的选择程序

1. 秉持自愿申报,公开、公平、择优选拔的原则。

2. 填写申请表,参加学校组织的答辩会或填写自荐考察材料。

3. 经学校领导班子讨论一致通过后,成立学校"GROW"成长培训组。在考虑申报者意向的基础上,结合学校实际情况,按行政部门分配各"GROW"成长培训组成员。

4. 每个"GROW"成长培训组成员在特定岗位实践期为一学年。一年期满后,将由学校领导班子对其表现进行考核,根据情况决定继续跟岗、轮岗或是结束实践。

六、"GROW"成长培训组成员的权利与义务

1. "GROW"成长培训组成员应在确保自己学科教学工作保质保量完成的

基础上,协助跟岗的行政老师完成工作,了解熟悉学校管理的常规工作,协助学校各项工作的推广,在自己的组室内发挥正能量,起到传达信息、传递精神的桥梁作用。

2. 在跟岗实践期内,"GROW"成长培训组成员接受所在岗位的行政老师带教指导,应积极参与、组织、协调各类活动,在实践中观察学习,在任务中锻炼发展,提高自身的沟通、合作和领导能力。

3. "GROW"成长培训组成员经过一年的实践期后,经考核认定为优秀者自动进入学校人才储备库。在学校后期发展过程中,当行政岗位出现空缺时,人才储备库内的人员为优先考虑对象。

4. "GROW"成长培训组成员在参与、组织、协调各类活动的过程中,可以根据《高境科创实验小学教师积分奖励细则》获得相应积分。

第四节　开展"活"科研,提升"绳韵"教育之质

随着教育改革的不断深入,学校开展教育教学科研的意义越来越凸显。它不仅有助于提高教学质量,更有助于培养创新型人才,推动社会进步。开展教育教学科研能使教师深入了解学科前沿动态,学习最新的教学方法和手段,从而更好地为学生传授知识。同时,教师还能在科研中不断锤炼自己的教学技能,提升自身素质,进一步提高教学质量。

教育科研是为了更科学全面地研究学生的特点,根据学生的差异寻找到有效的解决方法。国内外的研究都表明,优秀教师在长期的教学科研实践中通过不断的积累和智慧碰撞,才能成长为名师。因此学校要求教师结合自己的日常工作确立研究专题或课题,在实践、反思、研究中有所发现与提升。学校领导充分重视教科研工作,把教科研作为学校工作的重要组成部分,纳入学校的发展规划和工作计划中,以科研促教研,提高学校教育教学的品质。

回顾这十多年的研究历程,有喜有乐,有成功有失败,但我们做到了始终用

科研的思想与精神引领我们的行为,用实践来彰显学校"绳韵"教育的内涵,走出了一条"绳韵"科研之路。

高境科创实验小学的"绳韵"科研具有什么特色品牌呢?"绳"是指生活中的有形绳与教育中的无形绳;"韵"的本意是好听(舒服)的声音,在《现代汉语词典》中也解释为"情趣"。"绳韵"是指学校师生把体育绳(有形绳)与教育绳(无形绳)进行有效融合。我们的观念是:绳子的样态是长的,意味着"中长期研究"的长度;绳子是富有其育人内涵的,意味着"中长期研究"的深度;绳子的纵横协同发展,意味着"中长期研究"的广度;最终也就形成了我们的"绳韵"科研,并在此过程中,我们的教师形成了朴实的品质、敬业的精神、典雅的风度、严谨的教学,学生成为善于运动者、创新合作者、责任担当者、阳光生活者,最终实现学校高质量发展,师生高品质成长。

那么,高境科创实验小学如何用"绳韵"科研来孵化优秀教学成果的中长期研究呢? 这是一个从"缘"而"行"到"果"的历程。

一、"绳韵"科研中长期实践研究的缘起

如前所述,学生体质逐年下降,肥胖率和近视率持续走高。基于这些数据调查分析可知,我国的中小学生存在体质健康薄弱、技能增长缓慢、育人价值挖掘不深等问题。为此,学校管理者的下列思考,就是研究的源头。

首先,当前学校体育教学要教会小学生哪些基本运动技能?

其次,普通学校如何以学校特色项目为抓手,深挖特色项目的内涵和育人价值?

最后,如何在实践中探索出适应新时代要求的学与教的有效路径,实现"以体育人"的价值,促进学生健康快乐地成长?

二、"绳韵"科研中长期实践研究的历程

(一) 一个体育项目:学校与"绳"结缘

为了突破动迁小区配套学校"寸土寸金"和学生体质健康连续下滑的困境,

2010年,学校搭乘阳光体育的东风,与"绳"结缘。

经过一段时间实践后发现:花样跳绳集强身与趣味性于一体,且具有场地装备要求小、技能习得要求低、年龄要求限制少、花样繁多兴趣高等特点和优势,对学生身心健康发展有一定的促进作用。因此,我们决定进行花样跳绳课程的研发与实践。

(二)一门校本课程:研发了"绳舞飞扬"

2013年,学校在分析学生体质健康现状与学校花样跳绳课程开发价值的基础上,联合高校、教研室、基层学校,依据《中共中央 国务院关于加强青少年体育增强青少年体质的意见》和《义务教育体育与健康课程标准》,基于"以体育人"理念,研发了以激发兴趣为起点,以学生熟练掌握一项体育运动技能和提升体质健康为目标,以学生能力发展轨迹和学习规律为主旨的"绳舞飞扬"特色课程。

(三)一组课题研究:课题立项由区级走向市级

2015年立项区级一般课题。在"绳舞飞扬"特色课程在全校普及实施的基础上,由体育教师曹丽珍领衔的"花样跳绳对激发小学生潜在人格魅力的实践研究"被立项为2015年区级一般课题,获区第13届科研成果三等奖。

2020年立项区级重点课题。学校以"绳舞飞扬"特色课程为抓手,以行动研究为主线,做实实践研究,"'健康中国'背景下小学花样跳绳课程的实践研究"被立项为2020年区级重点课题。

2021年立项市级课题。学校在区重点课题研究的基础上,继续深挖"绳"的内涵,2021年"'健康中国'背景下区域'花样跳绳'协作体建设的学校作为"被立项为市级一般课题。体育组教师在市级课题的引领下,撰写的子课题"'健康中国'背景下小学花样跳绳课程实施案例研究"被立项为2022年区级青年教师课题。

案例

花样跳绳对小学生潜在人格魅力的激发与培养(片段)

高境科创实验小学体育课题组 执笔:曹丽珍

摘要:本文采用了问卷评定和情景实验评定两种方法,对上海市部分小学生的潜在人格进行了3个月的教育现场实验,观察花样跳绳通过自我认识、自我体验、自我控制三个自变量来激发和培养学生的潜在人格。通过对积极人格的自我效能、希望、韧性、乐观四个指标进行研究分析,证实了花样跳绳对小学生积极人格激发和培养的有效性。

关键词:积极人格 小学生 花样跳绳

一、选题依据

(一) 校园事故频繁出现

近年来,校园事故频发,有因缺乏运动而猝死、自伤、伤害他人、危害公共安全等各种事件,在小学也出现自闭、多动症等各类心理症状,偶尔也有因压力而轻生的事件。这大多与学生在校学习期间心理能量不够强、抗挫折能力差、自信心不足、不懂沟通技巧等有关,较多地反映出在现代高压力和高度竞争的学习生活环境中,因学生人格不健全无法处理日常生活中的危机而酿成事故。究其原因,与学校和家庭过度看重学生学业而疏忽其健康人格教育有关,所以频繁的校园心理危机事件警示我们亟须加强对学生进行心理健康教育,促进其形成健康人格。

(二) 小学阶段是人格形成关键期

学龄期学生在学校主要是适应社会、掌握今后生活所需的知识和技能。小学阶段是基础教育阶段,正是学生人格发展和形成的关键时期。小学生在此阶段,很多时候学校和家庭忽略了语言、数学逻辑、音乐、空间、身体、人际交往和自我认知智力等方面的培养。21世纪的竞争也是人才的竞争。基础教育是造就人才和提高国民素质的奠基工程,在世界各国面向21世纪的教育改革中占有重要地位。小学是学生一生积极人格建立的启蒙阶段,是人生发展的起始点。童年期是为一生的学习活动奠定基础知识和学习能力的时期,是心理发展的重要阶段。自我意识是在儿童与环境相互交往过程中形成的,教育和调节儿童与环境的关系对儿童自我意识的发展起着重要作用。花样跳绳教学探索对学生发现自己、认识自己、不断完善自己等方面的积极人格的激发,使其成为学生学习生活中不断显现的优点,促进学生积极人格的形成。小学阶段花样跳绳的课程设计具有天然的多元智能基因,能充分激发和培养小学生的潜在人格魅力。

（三）体育是促进学生形成积极人格的重要手段

小学是儿童身体迅速发展的时期。此时儿童的身体比起幼儿时虽强健得多,但与繁重、持久的学习任务相比还是弱的,因此,关心儿童的身心健康,增强儿童的体质在小学教育中十分重要。小学生随着生活范围的不断扩大,也会遇到越来越多的道德问题。小学生道德品质的发展关键是要认真做到言行一致、校内外一致。言行不一致的存在,是因为小学生缺乏坚强的意志,而习惯或道德行为的形成需要一定数量与强度的实践训练。因此通过体育培养小学生良好的道德观念和行为习惯具有重要意义。如果能够长期对小学生进行严格要求、反复训练,就会在他们的头脑中建立起一系列的条件反射,形成道德行为上的高层次的动力定型,做到习惯成自然,为小学生日后的学习和工作奠定坚实的基础。花样跳绳是学龄期学生健全人格发展的重要教育载体,尤其是在学龄期学生积极主动参与各种跳绳游戏和花样跳绳竞赛时,游戏和体育竞赛成为学龄期学生体验世界的一种方式,对学生的自信心和表现力方面也有正向引导作用。

二、研究目的和意义

（一）研究目的

通过花样跳绳对小学生潜在人格魅力的激发与培养的实证研究,运用问卷评定和情景实验评定两种方式,验证花样跳绳运动对小学生潜在人格魅力的影响。这一方面有助于创建良好的校园环境,使花样跳绳运动在校园顺利开展,充分开发花样跳绳的优势和潜力;另一方面有助于小学生形成健康完善的人格基础。

（二）研究意义

通过现代教学理论的设计，可以有效推动传统文化进入校园，对创造性传承中华民族文化有着重要的理论意义。通过花样跳绳的教学与实施，推动小学生健康积极的人格开发，对丰富课堂实践、完善学生身心发展有着重要的实践意义。

三、"绳韵"科研中长期实践研究的成果

我们以特色课程建设，绳动校园打造，纵向衔接、横向联动协同育人等方式，用一根绳、一门课程、一种文化来实现了"以绳育德、以绳增智、以绳健体、以绳审美、以绳聚心"的"以体育人"教育理想，用科研来引领学校的变革与发展。

（一）"绳"与课程和文化

1. 从常态实践到特色课程

为了解决学生体质健康连续下滑的问题，学校于 2010 年启动了跳绳运动。一开始，我们先从学生中选拔了一些对跳绳感兴趣又有些天赋的学生进行训练，经过一学期实践后，发现跳绳确实有利于提升学生的体质健康，于是学校决定每个年级从每周的体育课中划分出一节课专门教学花样跳绳，我们称之为花样跳绳专项课，学生学习的主要是一些花样跳绳的基本技能。这项举措也为学校花样跳绳的全面普及奠定了基础。

2013 年，学校研发了符合学生身心发展特点的"绳舞飞扬"校本课程，明确了每个年段具体的学习内容，制定了具体的达标要求，通过花样跳绳专项课、活动课和大课间，以班级、年级、全校三级授课制的形式，教会学生基本运动技能，引导学生在勤练和常赛中全面推进课程的普及与实施。现已改编为"轻松学跳绳"，贯通小学、初中、高中。

随后，学校继续挖掘"绳"的内涵与育人价值，打破学科壁垒，在语文、数学、音乐、古诗文等课中，开展跨学科主题学习，推进国家课程校本化实施。

为了丰富学生的校园生活,我们还打造了"绳动校园"活动范式,通过五彩绳结段位制考段活动、普及与提高并重的绳趣社团活动、花样跳绳竞技活动等多样态的实施方式来深化课程实施。

2. 从特色课程到课程体系

在"绳舞飞扬"特色课程的基础上,学校继续探究"绳"与生活、艺术、科学、健康、劳动、学习之间的关系,围绕以"学生健康快乐地成长"为核心,以国家课程校本化实施为基点,通过一根绳子构建了"绳韵"特色课程体系,通过线上线下、校内校外相融合的方式来推进国家课程校本化实施,促进五育并举。

3. 从课程体系到学校文化

学校基于"以体育人"理念,走过了十多年的发展历程,在课程研发与实施过程中,不断探索"绳"的内涵与育人价值,提炼了学校愿景、学校核心价值观以及校训、教风与学风等学校文化。

同时,我们通过环境显性与隐性教育功能,形成了学校文化品牌。师生共同在了解绳的发展历史、传承文化基因中,领悟绳的内涵,树立文化自信,培养积极健康人格。

如果简要展现所述的探索思路及其成果,可用图7-4-1来解读。

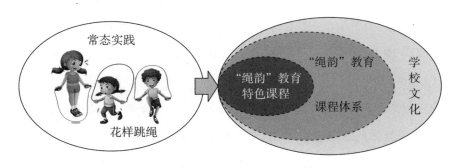

图7-4-1 "绳韵"探索思路与成果

(二)"绳织纵横"育人模式

历时十多年,学校建构了"绳织纵横"育人模式。基于"以体育人"理念,以"绳舞飞扬"特色课程为基点,校内通过阶梯式课程推进、跨学科主题学习实现课程育人,通过五彩绳结考段、绳趣社团、花样竞技活动实现活动育人;校外通过"家—校—社"横向联动辐射,"幼—小—中"纵向衔接输送的"一条绳"协同育人方式,融通了课内教学与课外学习、校内学习与校外活动、普及学习与竞赛活动纵向横向的联系。这一模式打通了校内校外多元联动学习路径,实现了"以绳育德、以绳增智、以绳健体、以绳审美、以绳聚心"的"以体育人"教育理想,奠定了将成果大面积推广辐射的基础(见图7-4-2)。

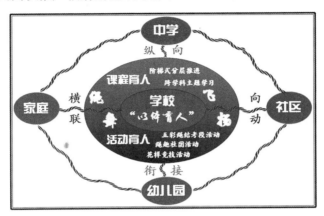

图7-4-2 高境科创实验小学"绳织纵横"育人模式示意图

学校的科研成果《一根绳的理想——普通学校"以体育人"创新实践路径的十年探索》最终荣获了2022年基础教育国家级教学成果二等奖、上海市基础教育优秀教学成果特等奖。

第五节 注重"合纵连横",拓展"绳韵"教育之界

育人理念是教育工作的核心,是指导教育实践的重要思想。要提升育人效能,我们就要摆脱传统应试教育的束缚,创新育人理念,关注学生的综合素质和个性化发展,注重培养学生的创新精神和实践能力,树立全面发展的育人观念,以适应未来社会的发展需求。

一、学校、家庭、社会横向衔接，实现联动育人

（一）线下多元联动，扩大育人辐射面

1. 学校、家庭、社会联动育人

学校联动家庭、社会参与学校各类活动，组织学生参与社会各类活动，传播跳绳运动与文化，营造社会跳绳文化氛围。我们走进敬老院、部队、企业、国际马拉松比赛现场、与本市和外省市学校互动、在中央电视台及地方卫视表演推广共计 214 次。在"小手牵大手，大手拉小手"中形成了"家家都有一根绳，养成运动好习惯"的运动氛围，累计带动全市近 8 万居民参加跳绳运动。

作为上海市首批家庭教育示范校和上海市家庭教育基地校，我们还以"绳"为媒体，连接学校与家庭，凝聚教育合力，引起家长共鸣，让无形之绳连接起学校和家庭。自 2011 年 9 月起，学校先后组建了七支"家长护航志愿队"，让家长参与学校日常教育教学工作，指导家长树立科学的育人观，有意识地规范他们的言谈举止，为孩子树立正确的榜样。

2016 年，我们以上海市"十三五"重点课题"家长志愿队管理制度建设的实践研究"为引领，通过规范的制度让家长学习如何在孩子成长的关键时期从心理、生活、学习等方面进行有效指导与陪伴，给予孩子信任与鼓励。通过指导，家长变得乐于主动与学校互动，积极地和学校共同做好孩子的教育工作。这项研究成果也荣获了上海市家庭教育指导研究成果二等奖。

家校共育的模式让家长转变了角色，由一个"旁观者"成为一个"参与者"。2018 年，我们又以市级家教课题"'护航成长'家长体验课程的建设与实践研究"为契机，在家庭教育指导工作中紧紧围绕传授科学的家庭教育知识和解决家庭教育面临的问题两条主线，建构以"课堂学习—校园实践—家庭生活"相结合的模块化内容结构课程，让家长在学习中转变教育观念，提升个人素养与育儿能力，进而形成了"护航成长"家长体验课程这一家庭教育特色品牌。此成果荣获了上海市家庭教育指导研究成果三等奖。

我们在"护航成长"家长体验课程的基础上,打破时空的壁垒,形成了"3＋1＋D"绳韵护航成长家校共育特色品牌,借助现代信息技术,深入家长和孩子的情感领域,提升家长的家庭教育水平,实现其自我成长,让小学五年的陪伴成为一场美好的"绳韵护航成长之旅"。

"3＋1＋D"绳韵护航成长中的"3"是指家长学校"航向性"的三类课程,通过"绳韵学堂"的学习转变家长的教育观念,提升其育儿技能。

"启航"基础课程以有效的"陪伴"入手,根据孩子的年龄特征,指导家长从孩子的生活、学习、身心健康等方面进行相关的教育培训,倡导家长做孩子的快乐玩伴、学习伙伴、成长导师。家长通过家长学校学习这部分的内容,明确作为一名合格的家长应知应会的内容以及学校的办学理念等。

"领航"专题课程针对不同年级和关键时段家庭教育指导重点,结合学生身心发展规律、亲子关系与家风建设等,引导家长按照党和国家的教育方针和培养目标教育孩子,加强自我学习教育,成为一名与时俱进的优秀家长。

"导航"个性课程结合学校"绳韵文化",分为"绳韵课程"和"实践体验"两大模块。"绳韵课程"从"绳韵"与品质、"绳韵"与身心两个方面引导家长进一步了解学校办学特色,使家长回归家庭时与孩子更有效地互动,切实提升育儿能力,真正做到家校共育、协同发展。"实践体验"则以线上与线下相结合的方式,呈现学校提供的不同岗位和不同的参与形式。我们设立了微笑问候执勤岗、社会实践导航岗、亲子阅读引导岗、阳光体育运动岗等七类亲子岗位体验,让家长在角色体验中提升育儿技能。比如亲子跳绳这个项目,家长在学校通过阳光体育运动岗目睹了训练、比赛的过程,感受到孩子的运动潜能,在激烈的比赛中学会了合作、坚持。之后在家和孩子一起运动时,也能感受到积极锻炼所带来的成功和快乐,培养良好的运动习惯。

为此,我们建立了学校家庭教育资源库,编写了家庭教育教材、家庭教育指导案例汇编、家长读本,制作了课件、微视频等。

"3＋1＋D"绳韵护航成长中的"1"是指《家长学习手册》,它承载着家长育儿能力逐步提升的成长轨迹。

《家长学习手册》的前身是《家长积点手册》。我们在《家长积点手册》的基础上进行了升级改版,配套设计了《家长学习手册》,意在引导家长边学边思,同时将学习到的家庭教育理论与育儿方法运用到平时。

2022 年,"家校共育视域下小学家庭劳动的策略研究"被立项为上海市家庭教育规划课题,我们旨在通过课题引领,指导家长经历校内的学习和实践,回归家庭时与孩子有效互动,提升育儿能力,真正做到有效地陪伴孩子健康快乐地成长。

"3+1+D"绳韵护航成长中的"D"是指电台,即通过"我想更懂你"家庭教育指导电台,解决家长育儿困惑。

"我想更懂你"家庭教育指导电台,是由学校"臻善"班主任工作室策划推出的系列广播节目。该节目面向广大家长群体,聚焦家庭教育困境,收集真实的家庭教育案例。每期围绕一个具有话题性的家庭教育难题,通过特邀专家、骨干班主任教师、家长代表的微讲座,为家长答疑解惑、策划支招,将三类课程内容有机融合与补充。

"3+1+D"绳韵护航成长之旅让学校的家庭教育工作在不断推进中,有效提升了教师对家庭教育的指导力。教师在指导家长的过程中,感受到家长认真学习和慢慢改变后带来的喜悦,也享受着家长发自内心的感谢,职业幸福感油然而生。

"3+1+D"绳韵护航成长之旅让家长体会到了自我主导学习的美妙和快乐,体会到了学校和教师对自己的尊重,体会到了主动学习带来的乐趣和喜悦,更体会到了家庭教育在孩子成长过程中的重要意义。

"3+1+D"绳韵护航成长之旅深受学生喜欢,他们不但欢迎家长参加"绳韵学堂"的学习,也期待开展更多的亲子互动活动。"妈妈参加学习后,我们的沟通顺畅多了。""爸爸现在很尊重我,多次听我分析事情了。""亲子活动作业让我和妈妈更亲近了。"诸如此类的表达还有很多。由此可见,立足学生、尊重生命本能、挖掘生命潜能的绳韵护航成长之旅深得"生"心。

2. 区市省际校园联动育人

市、区校园联动,主要是学校之间定期开展竞技交流,为学生提供展示自我和互相学习的平台,强化和巩固跳绳技巧与能力,以点带面地带动各校跳绳运动发展,推进了课程与育人理念的落实。学校连续承办了多届"上海市中小学跳绳锦标赛"、宝山区"阳光少年"跳绳夏令营与冬令营、跳绳世界冠军进校园等活动。

省际校园联动,主要是学校走出本市,联合兴趣相投的学校进行了跨省结对推广活动。通过参观交流、互动学习、课程共享、资源共用,形成优势互补、共同发展的格局,引导师生形成终身运动的意识与习惯。我们的学生走上了中央电视台《开学第一课》的舞台,向全国展示推广跳绳运动。

我们研发的"绳舞飞扬"特色课程,创建的"绳动校园"活动范式在全区 102 所学校、全市 16 个区 160 所学校、全国 14 个省市 39 所学校中通过课程共享、资源共用实施推广,推动了"以体育人"理念在学校层面的落实。学校通过与结对联盟校之间的互动交流、课程共享、资源共享,形成优势互补、共同发展的格局,有效促进了全民健康。

(二) 线上"绳缘"联动,你的精彩我看见

1. 录制"学习强国"微课与小视频

学校录制的 13 节"花样跳绳"教学微课被"学习强国"平台作为小学综合素质拓展特色体育课在全国范围进行推广;两套家庭健身游戏在上海电视台播出,供学生在家开展体育活动;录制的日常居家跳绳小视频,通过微信公众号和"宝山教育未来宝"App 进行线上教学,激发学生跳绳兴趣,培养坚持锻炼的品质,鼓励学生邀请家长参加,共同提升了健康生活品质。笔者还代表学校在中央电视台《新闻 1+1》栏目与白岩松老师就跳绳与体育锻炼、学生健康快乐成长、学校文化建设进行了对话。

2. AI 跳绳运动打卡新体验

为了进一步激发学生的运动兴趣,发挥"智慧体育"的科学功能,学校开展了 AI 跳绳运动打卡。教师根据学生身心发展特点,制定相应强度的达成目标,每周发布打卡任务,指导跳绳方法;学生通过手机 App 完成跳绳任务,AI 的纵

向自我评价和横向同伴互动对比,更有利于激发学生兴趣,大家在你追我赶中提升了运动自觉性。"智慧体育"新体验对学生的活动时间和活动量给予了精准把脉与指导;家长共同参与,教师鼓励评价,"健康数字画像"更有效地促进了学生运动习惯的养成。

二、幼儿园、小学、中学纵向输送,实现一体化育人

《义务教育课程方案(2022 年版)》提出,课程实施需要建立学段衔接的机制。我们的"绳韵"教育则多年前在区教育局领导下做了实践探索。这种衔接是以我校为先行驱动,建立了"幼儿园—小学—初中—高中"一体化纵向衔接育人方式。通过训练标准一体化、资源支持一体化、品格培养一体化、学生学业一体化的实施策略,四学段在实践中始终保持行动连贯性,更好地激发了学生投入跳绳的活动热情,从制度上有效保证了学生的可持续发展。

(一)成立跨学段体育名师工作室

由区教育局牵头,携手幼儿园、小学、中学成立了"跨学段体育名师工作室"。四学段的学校通过课题引领塑造品牌、聚集课堂提升素养、沟通互助紧密对接的方式,对日常教学训练中出现的问题开展研讨,进行细致的分析总结,从学术角度延伸教育教学的内涵,开拓体育的外延。

通过给名师搭台子、压担子,给青年教师教法子、架梯子,给学生引路子、促发展,实现优质资源最大化。

(二)提炼"幼儿园—小学—中学"花样跳绳运动队一体化实施策略

该育人方式确立了"花样跳绳"协作体建设的组织与运作路径,具体如下所述。

一是确定协作体建设的对象。选择若干幼儿园、小学、中学及其相应的社区,形成纵向衔接的育人模式。

二是形成匹配协作体单位的课程。课题组在校本课程实施的基础上,根据协作体对象的不同,建构完善花样跳绳课程内容,形成纵向有序、横向有别的花

样跳绳课程体系,实现花样跳绳课程的延续发展。

三是设计适合协作体单位的评价。课题组在花样跳绳课程实践研究的基础上,不断修正完善评价指标,并提供给协作体对象,让其根据自身的需求再进行相应的调整,从而做到关键核心指标相同,程度要求有所不同。

四是构建协作体运行路径。以高境科创实验小学为主体中心,根据花样跳绳课程内容设置协同任务体系单元,协同单位依据自身特点落实协同任务;通过课程共享、研究共享,对应"幼儿园—小学—中学"协作体借助一体化输送实现课程的延续发展,"中小幼—社区"借助小手牵大手,养成全民运动习惯,实践"健康中国"的理念(见图7-5-1)。

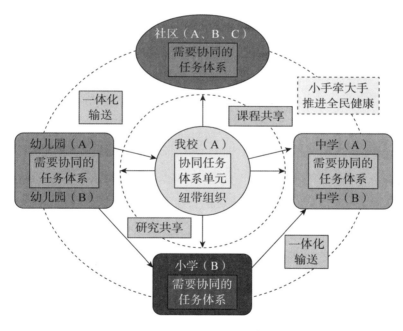

图7-5-1 协作体运行路径示意图

(三)提炼"幼儿园—小学—中学"协作体"花样跳绳"课程推进实施策略

在幼儿园、小学、中学三个层面,在教育局的支持下,我们通过"四个一体化"来落实课程实施。

1. 训练标准一体化

在工作室的主导下,各校体育教师每周六在领头校进行集中训练,其余学校组织跳绳苗子观摩和体验,开展对接交流,形成统一训练标准,即做到教学方法一致、学习活动统一、研修探讨同步。

2. 资源支持一体化

为保证"幼儿园—小学—初中—高中"运动队连贯输送与发展,四学段训练实现资源统一、训练标准统一、训练条件统一,确保训练效果只增不减,实现运动员可持续发展。

3. 品格培养一体化

学校在特色课程实施过程中,着力于培养学生的冠军品质。学校以榜样激励学生,引导他们在实现冠军梦的过程中,完善健身、坚持、创新、合作等个人与团队品质。

4. 学生学业一体化

我们在区级层面,通过"幼儿园—小学—初中—高中"四个学段的协同衔接,建立了跳绳突出学生"一条龙建设"升学激励机制。这种机制变革,更好地激发了学生投入跳绳的活动热情,保证了学生的可持续发展。

策略一:协作体学校教师分层培训,以点带面推进课程实施。

教师专业技能是指专业教师完成本专业领域具体生产实践活动及其教学活动所需要的实际工作能力。体育教师的专业发展不是教师个人或教师群体的自然生长过程,而是依赖于教师专业发展制度和基本条件的保障。基于此,学校定期组织开展协作体体育教师花样跳绳专项技能分层培训,主要以集中培训和自主培训两种形式为主。集中培训是协作体体育教师集中到我校,开展以花样跳绳专业教练为主教、我校体育教师陪同协教、微信视频辅教的组织形式进行培训教学。自主培训主要是由我校体育教师走进协作体学校,按需对协作体学校体育教师进行专项指导与个别指导。通过这样的培训方式,切实有效地提升了协作体学校体育教师花样跳绳的知识与技能,以点带面地推进花样跳绳课程。

策略二:协作体学校定期展示交流,竞赛互动推进课程实施。

兴趣是最好的老师,学生间的相互竞技交流有助于强化和巩固他们的跳绳技巧和跳绳能力,有利于课程的有效推进。学校定期开展花样跳绳世界冠军进校园、跳绳锦标赛、"阳光少年"跳绳冬令营和夏令营活动、阳光体育大联赛、校园花绳节等主题活动(见图7-5-2)。

图7-5-2 协作体学校展示交流掠影

这些主题活动的开展,既把协作体学校中爱好跳绳的优秀小运动员组织起来进行集中培训,为他们提供了展示自我和互相学习的平台,让他们在互相切磋中共同进步、增进友谊,又以点带面地带动各协作体学校跳绳运动的开展,促进跳绳运动的发展,凸显跳绳运动的育人功能,有效推进花样跳绳的实施。

结　　语

　　绳,是高境科创实验小学学生书包里的"必备品";跳绳,是学生每天锻炼的"拿手戏"。一根不起眼的小小绳儿,托起了学校优质、公平的教育。

　　高境科创实验小学于 2010 年与"绳"结缘,历时十多年,在陶行知"教学做合一"教育思想的引领下,全校师生踏绳启程,在实施"绳韵"教育过程中,打造了学校鲜明的特色。追梦少年一个个走上体育圣坛、站上国际舞台,展现中国学生之"绳韵",亮出自己的才艺、跳出自己的自信、秀出生命的精彩。高境科创实验小学的学生是幸福的,在教师的帮扶下,他们一路"开挂",不断追求梦想的更高境界。

　　经过十多年的实践,高境科创实验小学全体教师努力践行教育家精神,实现"绳韵"到"阳光绳韵"的迭代发展。学生的综合素质得到了明显提升,他们在学习、生活和社交方面都表现出了较强的能力和素质。同时,学校的教育教学质量也得到了提高,为学生的未来发展奠定了坚实的基础。

一、用一根绳,营造最适合师生发展的教育环境

　　在新优质学校创建过程中,高境科创实验小学用一根绳架构了"绳韵"课程体系,形成"绳韵"文化,走出了一条"绳韵"教育的特色办学之路。学校在追求从"绳"到"绳韵"的转变过程中,依据"绳韵"教育文化内涵,基于学校"花样跳绳"和"阳光绳韵"学校特色,从"绳韵"教育育人价值中逐步提炼出"PEACH"师生发展实践模式,提炼出"花样跳绳奠人生之基,科创教育突思维之规,阳光绳韵引成长之向"的"绳韵"教育内涵,提升师生的精气神,实现师生从"绳韵"到

"阳光绳韵"的华丽转身。

二、用一根绳,提升学生个体生命的质量和价值

教育的本质是提高生命的质量和提升生命的价值,全面发展是高品质学校满足师生发展需求的必然选择。

高境科创实验小学以新优质项目化建设为平台,以新优质项目引领学校变革与发展为抓手,以特色课程建设,"绳动校园"打造,纵向衔接、横向联动协同育人等方式,创新"以体育人"的实践路径,用一根绳子、一门课程、一种文化实现了"以绳育德、以绳增智、以绳健体、以绳审美、以绳聚心"的"以体育人"教育理想。

在"双新"背景下,高境科创实验小学从一根"绳"到学校特色课程研发再到特色课堂实施,打破学科壁垒,开展跨学科主题学习,推进国家课程校本化实施,促进五育并举。学校在"绳舞飞扬"特色课程的基础上,探究"绳"与生活、艺术、科学、健康、劳动、学习之间的关系,围绕以"学生健康快乐地成长"为核心,以国家课程校本化实施为基点,通过一根绳子构建了"绳韵"校本特色课程,通过线上线下、校内校外相融合的方式来推进国家课程校本化实施,让"双新"真正落地、真正落实,使学生个体生命的质量和价值得到提升。

三、用一根绳,使学校与社区在开放中实现共赢

学校不仅是开展教育活动的场所,更是社会生活的重要场景,我们要以更大的视野重新审视学校自身的发展,建设以学校为中心的区域共同体,吸纳社会优势资源,用办学的成果回应社会的期望。

高境科创实验小学选择若干幼儿园、小学、中学及其相应的社区作为区域协作体对象,建构完善花样跳绳课程内容,以纵向有序、横向有别的花样跳绳课程体系,通过课程共享、研究共享,形成纵向衔接、横向联动的路径。借助小手牵大手,通过"中小幼—社区"养成全民运动习惯,实践"健康中国"的理念,实现花样跳绳课程的延续发展。

未来,高境科创实验小学将继续深化"绳韵"教育,进一步加强与国内外学校的交流与合作,借鉴先进的办学理念和教育经验,提升办学质量。

在未来的发展中,高境科创实验小学将继续坚持以"绳韵"教育为核心的办学理念,沿着习近平总书记指引的方向砥砺前行,在加快建设教育强国的新征程上,不断拓展和深化教育内容和方法。学校将注重培养学生的创新思维和实践能力,加强学科交叉融合,为学生提供更加丰富多样的学习体验。

在实施"绳韵"教育的过程中,高境科创实验小学将继续发挥自身优势和特色,不断探索和创新教育模式和方法。学校将注重教师队伍的建设和培养,提高教师的专业素养和教育创新能力。

历经十多年,高境科创实验小学的"绳韵"教育已经取得了显著成果,为学校的发展注入了新的活力和动力。未来,学校将继续深化"绳韵"教育,不断探索和创新教育模式和方法,为培养更多具有创新精神和实践能力的人才而不懈努力。